阅读成就思想……

Read to Achieve

LIKEABLE
WHY TODAY'S CONSUMERS DEMAND MORE AND HOW LEADERS CAN DELIVER
BUSINESS

互联网新思维
未来十年的企业变形计

[美] 戴夫·柯本（Dave Kerpen） 特蕾莎·布朗（Theresa Braun）
瓦莱丽·普里查德（Valerie Pritchard） ◎ 著
钱 峰 ◎ 译

中国人民大学出版社
·北京·

随着互联网时代的到来，如今的商业领域，企业领导者必须具备有互联网思维，以负责任的态度经营企业，才会为企业带来诸多机会，消费者也才会支持这样具有正确价值观的企业。

乔斯坦·索尔海姆（Jostein Solheim）
班杰瑞首席执行官

在这个互联网时代，柯本为世界各地的企业家们描绘了一幅建立未来十年成功企业的蓝图。

斯科特·格伯（Scott Gerber）
青年企业家协会（Young Entrepreneurs Council）创始人

柯本是一个很会讲故事的大师，他将引领你踏上通向未来美好新世界的旅程。那里的消费者对你充满爱意，让你的企业大获成功。这不是一厢情愿的乌托邦，而是可以到达的现实，但前提是你要遵循本书介绍的互联网思维经营法则。

迈克尔·史特尔茨纳（Michael Stelzner）
社交媒体审查员

社交媒体教会企业如何更好地将用户思维发挥到极致。这本书将教会你如何让企业赚到更多的钱。

安迪·塞诺维茨（Andy Sernovitz）
《纽约时报》畅销书《口碑式营销》（Word of Mouth Marketing）的作者

深受欢迎很重要。它能打开市场，也能打开思维，更能让一切变得更简单。怎样才能"建立"深受欢迎的企业呢？在本书中，柯本分享了一条经过验证的、使企业在互联网时

Likeable Business
Why Today's Consumers Demand More
and How Leaders Can Deliver

| 本书赞誉 |

Likeable Business
Why Today's Consumers Demand More
and How Leaders Can Deliver

| 互联网新思维 |

代一步步实现成功转型的道路。这本书非常值得企业家和管理者们一读！

乔纳森·菲尔茨（Jonathan Fields）
《不确定性》（*Uncertainty*）的作者

很简单，当人们了解你、知道你来自哪里时，就更有可能团结在你的事业周围。每个公司都有属于自己的、值得分享的故事。在垃圾转运公司 1-800-468-5865（1-800-GOT-JUNK?）[①] 的热线电话上，我们会充满热情地分享从哪来到哪去，我们不仅与顾客和公众分享，还会在团队内部分享。

——布赖恩·斯丘达莫尔（Brian Scudamore）
1-800-有垃圾吗公司创始人兼首席执行官

[①] 1-800-GOT-JUNK，即 1-800-468-5865，在美国这是记录电话号码的一种方式。——译者注

| 推荐序 |
颠覆互联网思维的会是什么

最近流行一个段子:"这年头,放高利贷的都改叫互联网金融了,做IDC的都改叫云计算了,做交通卡的也能叫物联网,拍电视剧的都说自己是大数据,卖煎饼果子的都叫O2O,微信大号都改叫自媒体,做广告的都说自己是DSP,开咖啡厅的都改叫孵化器了,圈地的都改称科技园区了,江湖骗子们纷纷改称互联网思维了。"

的确,互联网思维是一个火得不能再火的词儿了,它颠覆了很多传统思维,让很多传统企业纷纷寻找颠覆自己的思维和出路。可是作为一个革命的思维概念,谁又能够颠覆它?只有它自己,因为颠覆、快速、迭代都是它的DNA,所以互联网思维一定是不断迭代和颠覆前面的互联网思维而变革出更革命的互联网思维来。

如果你认真读一下这本书的互联网思维,就会发现它在围绕用户展开对传统互联网的颠覆和再造,充分强调了消费者在企业互联网转型过程中的重要作用,这不是江湖骗子而是实实在在的创新思维。

书中提出了六大互联网思维,其中用户思维,强调倾听消费者心声并加强与消费者的交互,打破企业与消费者之间的疆界;简约思维,强调从产品到服务,力求专注与简单;迭代思维,突出快速适应、快速满足消费者千变万化的需求的敏捷开发;服务思维,强调提供惊喜服务并给客户非凡的客户体验;社会化思维,强调以社交媒体为主要平台,透明而扁平化;平台思维,强调开放、共享、共赢的思维,把企业打造成一个开放的、多方共赢互利的生态圈。

| 互联网新思维 |

这些思维转变是很多传统企业需要面对的颠覆和革命，尤其是涉及人的意识转变、利益再分配和组织结构变革、执行力再造等的问题。然后，正如互联网大潮一样，等在那里的必定会被走在前面的淘汰。

同时，书中也结合六大思维总结了八个原则：倾听，参与，客户价值链，简单，快速迭代，非凡的客户体验，透明和扁平化以及社会化协作平台。这八个原则与六大思维相互呼应，形成一个清晰的互联网思维模式。这个，已经不是传统意义的互联网思维了，而是进行了进一步的迭代和颠覆。

其实，类似的颠覆，我在最近的新书《粉丝经济》里面也提到，以粉丝社区为基础的社群思维，可能是传统互联网思维的颠覆和革命。我认为，粉丝经济的本质是品牌社群，就是一种典型的社群思维。这也是SocialCRM 的核心精髓。我将 SocialCRM 体系分为三个阶段：社交运营、粉丝社区和 O2O。第一阶段，是基于社交网络的聆听与互动，建立起与消费者的交互和连接；第二阶段，基于连接和互动培养粉丝，鼓励粉丝参与和代言，最终形成有品牌认同和身份归属的粉丝社区；第三阶段，围绕客户体验和粉丝活动设计 O2O 来转化关系和价值。

也就是说，先说话社交，再有粉丝，然后再有整个市场。反过来说，没有粉丝，就没有未来！

随着传统互联网向移动互联网的演变和转型，消费者越来越多地从电脑转移到移动终端包括智能手机和 Pad 上，这时候互联网模式成为了移动互联，更多的不再是搜索和广告，而是点对点的消息传播，人对人的口碑推荐等等，交互渠道开始依赖于移动端的微信、微博，促销开始基于位置服务、NFC 等进行触发，你会突然发现：刚刚还比较流行的传统互联网思维，已经成为明日黄花，而新的互联网思维已经迭代再造出来。

我们可以用本书的一段话来共勉："一个具有适应能力的公司能够满足顾客千变万化的需求。你的顾客不会停滞不前；同样，你的公司也不可

推荐序
颠覆互联网思维的会是什么

能一成不变。在动态的环境中，你无法指望可以止步不前，也不可能固守公司最初的产品和所提供的服务。"

总结一下，没有用户，没有粉丝，就没有未来。再应景儿一点儿，没有互联网思维，也没有未来！

叶开
汉拓科技

站在我父亲的病床前,我感到极度无助、气愤和沮丧。自父亲住院以来的这两周里,我只能眼睁睁地看着他躺在纽约贝丝以色列医院(Beth Israel Hospital)的病床上,病情急剧恶化。父亲因为呼吸问题住进医院,被诊断为肺动脉栓塞,医生对病情的预测很乐观,说父亲能够很快康复。然而,我看到的结果却是他几乎不能讲话,对周围发生的一切全然不知。他就像是一个躯壳,时而有意识,时而没有意识。

光是这些就已经足够恐怖和令人沮丧的了,但还不是我如此生气的真正原因。我生气是因为有两次我来看望父亲的时候没有医生来见我,我在电话中给医生留了不少于13条信息,但是没有任何人回复我。我去看望父亲的时候,告诉护士肯定有什么地方出问题了,但他们却把我当成疯子。我可以肯定:这家医院对待我和我父亲的方式真的出了问题。

为了快速得到答复,我找到一个公共社交媒体频道寻求帮助,还在Facebook上的医院页面上发了帖子。不到几分钟的时间,就有一个患者关系代表回复了我,并把她的联系方式告诉了我。我联系到了她,不久之后也联系到了我父亲的医生。医生终于仔细查看了我父亲的病情,发现他对在医院进行的药物治疗有不良反应,便迅速将他转移到了重症监护室,于是我父亲才得到了较好的治疗并保住了性命。

对于这样的结果,我心存感激。不过,为什么有些事情非得发展到出现危机的地步呢?为什么我必须得在

Likeable Business
Why Today's Consumers Demand More
and How Leaders Can Deliver

| 前言 |
互联网时代,得屌丝者得天下

Facebook上追究贝丝以色列医院的责任才能得到医生的回应呢?

企业的快速反应至关重要

我的第一本书是《超赞营销:社会化媒体擦亮品牌》(*Likeable Social Media*)。它主要讲述如何通过社交媒体平台去倾听消费者、对消费者负责任以及如何分享并从故事中获得启发。在创作本书以及针对这一话题进行演讲的过程中,我意识到很多准则不仅适用于社交媒体,也适用于普遍意义上的商业领域。不仅在Twitter上倾听消费者是重要的,而且在任何地方倾听消费者都很重要。不仅在Facebook上对消费者负责是重要的,在任何地方对消费者负责也都是很重要的。不仅在社交网站上讲述一个精彩的故事是重要的,在任何地方讲述一个精彩的故事也都是很重要的。不管你是在鸡尾酒会上进行社交活动,在会议室开董事会,还是在进行推销,倾听消费者的心声,对他们负责,与他们分享故事无疑都是互联网新思维的核心理念之一,即用户至上的新思维。

在互联网时代,企业要想成功,就必须时刻关注现有客户和潜在客户,并且持续提供正确的产品和服务。这本书将把《超赞营销:社会化媒体擦亮品牌》一书中的准则应用到普遍意义上的商业领域——如何在互联网时代,抓住每一位消费者的心,成为一位深得人心的领导者,这实在是值得我们积极探索与思考。

遗憾的是,令人失望的企业故事远比深受欢迎的企业故事多得多。2006年6月,布赖恩·芬克尔斯坦(Brian Finkelstein)对他的有线电视公司——康卡斯特公司(Comcast)糟糕的客户服务感到极度失望。康卡斯特公司多次失约,最终导致芬克尔斯坦的路由器彻底报废。不久,芬克尔斯坦总算等来了报复的机会。康卡斯特公司在拖延了许久之后,终于派了一位技术人员到芬克尔斯坦的家,但他竟然在沙发上睡着了,于是芬克尔斯坦拍下了一段视频并上传到互联网上。有超过200万观众观看了这段

前　言
互联网时代，得屌丝者得天下

名为《康卡斯特公司的技术人员在我的沙发上睡着了》的视频，很显然，这给康卡斯特公司的名声和品牌带来了很大的负面影响。

好消息是，康卡斯特公司及时作出了回应。时任客户服务经理的弗兰克·伊莱亚森（Frank Eliason）在2007年实施了一个名为"康卡斯特很关心"的方案，而康卡斯特公司也成为企业通过Twitter来积极应对客户服务问题并加强与顾客联系的先行者。

2009年7月6日，志向远大的歌手戴夫·卡罗尔（Dave Carroll）在YouTube上传了一段名为《美联航弄坏了我的吉他》的视频。视频的内容是在一次乘坐美国联合航空公司航班的途中，卡罗尔的吉他被弄坏了。卡罗尔认为比弄坏吉他更糟糕的是，联合航空公司拒绝赔偿，而且在之后的航程中对他态度粗鲁。卡罗尔没有联系媒体，他只是制作了一个简短的视频上传到了世界上最大的在线视频社区。联合航空公司对此却没有作出任何回应，相反地，公众的反应却很大。在3年的时间里，有1 200万人观看了卡罗尔的视频，这不仅损害了联合航空公司的声誉，还导致其股价一路下跌。

与此同时，一家名不见经传的航空公司，美国捷蓝航空公司通过行业领先的Twitter账号"@jetblue"和低于平均值的电话等待时间，将自身定位为网上及线下积极响应的领导者。当大多数美国航空公司挣扎于财政不景气之时，捷蓝航空公司则在过去的5年内业务量增长了80%。

你是否有过在医院、有线电视公司、航空公司或者本地某个公司的糟糕经历？你曾遇到过举止粗鲁的推销员或办公室经理吗？多年以来，大大小小的公司一直纠结于如何对待现有客户和潜在客户。但是，时代已经变了。过去当顾客遇到糟糕的经历时，他们会通过留言卡片私下里和公司进行交涉。但现在他们会把遭遇分享到Facebook、Twitter或You Tube上。过去当顾客遇到糟糕的经历时，他们会向几个朋友抱怨，而如今能听到或者看到其抱怨的人却是成百上千，甚至可能是几百万人。公司除了倾听，别无选择。

25 年前，任何一家资质平平的公司都可以花大价钱通过电视广告、电话推销或者上门推销就卖出很多产品，所有糟糕的客户服务、差劲的售后，或者劣质的产品都不重要。如今，主动权已经从企业转到了消费者手里，企业不再说了算，这一切都变得很重要，尤其是如何赢得每一位消费者的心。

社交媒体在互联网时代的作用

我记得小时候，有一次我和家人去当地一家餐厅吃饭，结果我们三个人全都食物中毒。妈妈打电话到那个餐厅投诉，威胁说要打电话给当地的媒体并在报纸上曝光他们。25 年过去了，那家报纸已经不存在了。事实上，如今媒体的整体状况都变了。现在我在 Twitter 上的关注者比很多地方小报的发行量都多，至少比那些依然存在的要多。

究竟发生了什么事？随着传统报业的萎缩，社交网络诞生了。Facebook 白手起家，9 年内已经在世界各地拥有了数十亿用户。Twitter 从一无所有开始，在短短的 7 年内发展成了一家拥有 5 亿用户的大型网站。以往人们通过传统媒体获得信息，然后分享给少数几个朋友，而今人们通过社交媒体获得信息，然后分享、转发给无数朋友。

值得注意的是，尽管通过社交媒体，你我都可能有很多社会关系，而且线上的影响在一定程度上也很重要，但分享信息时，媒介比个人更重要。可能你并不知道"贾尼斯·克鲁姆斯"（Janis Krums）这个人，但也许你已经看到过他拍摄的飞机坠入纽约哈得孙河的照片了（见图 0—1）。

数百万人看过克鲁姆斯上传到 Twitter 上的这张照片，然而克鲁姆斯发布照片的那天，他在 Twitter 上只有 170 个关注者。这张照片使一些人产生了极大的共鸣，他们与其他人分享了照片，之后照片又被不断分享，直到最后被传统媒体分享，比如电视。几个小时之内，它被不断地传播着。文字、照片和《美联航弄坏了我的吉他》这类视频每天都在新的社交网站上被数百万人创造和分享着。今天，当你有话要说的时候，不必打电话给

前 言
互联网时代，得屌丝者得天下

当地的媒体——你就是当地的媒体。人人都能成为自媒体。

图 0—1　贾尼斯·克鲁姆斯的飞机照片

资料来源：贾尼斯·克鲁姆斯

建立起用户思维，充分关注你的客户

在这个密切相连、由社交媒体驱动的互联网时代，公司已经不能庸庸碌碌地度日了。大大小小的公司都必须充分关注自己的用户，让他们开心，并且要让他们一直都很开心。如果你觉得"一个不满意的顾客能给你的公司带来负面影响"这句话听起来很恐怖的话，那它确实很恐怖。充分关注你的用户不仅能避免负面结果的产生，还能为你带来正面积极的结果。正所谓"成也社交媒体，败也社交媒体"，人们可以通过社交媒体分享负面信息，同样也可以通过社交媒体分享正面信息。糟糕的用户服务故事可以迅速地传播开来，同样，积极向上、使用户开心满意的故事也能迅速传播。

作为社交媒体中的另一个重要成员——企业员工，他们的声音你也不可忽视。在公司里，就算你的同事和员工没有消费者和你接触得多，但他们同样也是你的客户。深得人心并不仅仅是针对消费者的。毕竟，如果企业内部的员工都对他们自己的工作没有激情、不团结协作、不倾听对方、对强大的企业文化不能够认同的话，那他们又怎么可能为客户提供优质的服务呢？因此我们在本书的每一章所要探索的不只是企业如何在外部建立起"用户至上、深入人心"的思维和理念，还要如何在企业内部通过树立起平台思维，让企业成为员工的平台，让每一位员工发挥力量，从而让企业深得员工的喜爱。

写给即将向互联网时代转型的企业和个人

本书是为所有想在互联网时代成功转型的企业领导者所写，为大中小企业的市场营销人员和管理人员所写。对那些面临着互联网时代挑战并进行着艰难转型改革的大型企业来说，要施行真正的转型，少不了企业的品牌大使，或者说具有互联网思维的深得人心的领导者。企业必须重新思考和重组的不仅是经营方式，还有对企业商业价值链的重新审视以及颠覆传统的思维方式。

同样本书也是为小型企业所有者和拥有创新思维的企业家而写的；为拥有与时俱进思想并愿意改变工作方式的律师、医生、牙医、会计和咨询师所写；为那些依托于大公司搭建的平台来闯出一片属于自己的小天地的独立以及非独立的销售人员而写的。

本书还是为政府和非营利机构组织的领导者们所写的，他们向民众灌输思想比较简单，但也会经常面临着很多和今天商业领域同样的挑战；本书是为商业专业的学生和老师们所写，为在这个全新的、由社交媒体驱动的互联网时代以及新媒体给商业领域带来的问题和机遇中不断学习的人所写的。

本书不是为想要筛选大量商业案例进行研究的数据贩子而写的。为了阐明观点，我会和大家分享很多故事，对于一些人来说，这很有趣，但是对于数据贩子来说，资料则是不全的。本书也不是为想要美化网上形象的

前　言
互联网时代，得屌丝者得天下

人所写的，没有哪本书能在这一点上走在最前沿，所以我建议你们还是去看看博客吧。

本书是为所有消费者而写的，他们认同企业需要"以用户为核心，从而变得深入人心"这一观点，而且无论是在线上还是线下，他们都愿意参与其中与企业共同解决这一问题。

也许你会疑惑一名社交媒体企业家怎么能写出一本关于互联网新思维的书呢？相信你能从后面更多关于我的故事中找到答案。由我在2007年一手创建的众爱媒体公司连续4年实现了3位数的收入增长。我们有幸登上了《公司》杂志2011年和2012年美国增长最快的私人企业500强榜单。更重要的是，我们的团队始终践行着互联网时代企业成功经营的五个核心理念：激情、动力、透明、思想领导力和适应能力。

我们的故事只是众多故事之一。为了写这本书，我们采访了大大小小几十家公司，询问每家公司在互联网时代什么样的经营法则有助于他们获得成功，并询问首席执行官们拥有哪些深得人心的品质以及哪些品质能够真正引起他们的共鸣。我们和各种规模、不同类型公司的领导者和管理者进行了交谈，寻找能够揭示互联网时代企业如何做到深入人心的概念以及相关的故事和案例，我们也记录了一些因不得人心、不能顺应时代发展的行为而招致灾祸的公司的例子。

在互联网时代，只有真正领悟和掌握了互联网新思维，企业才有可能借势成功转型，实现可持续发展。在本书中，我们讲述了互联网新思维的6大核心思维以及企业如何利用这些思维成功经营的8大法则。

互联网思维下企业经营成功的8大法则

我们接下来将要探究在互联网思维下企业经营成功的8大法则，只有综合利用这些法则，才能够让企业成功转型，成就更加深得人心的领导者，以及更加优秀、以用户为中心的企业。

法则1　倾听：从说服到倾听，找到客户所关心的，而非你认为重要的

倾听是所有优秀企业的基础。倾听是企业的一种态度，而加强与消费者的沟通、倾听消费者的心声更是企业的重要责任。伟大的领导者倾听现有顾客和潜在顾客的所需所想，以及他们所面对的挑战。他们会倾听同事、股东、投资者和竞争对手的心声，并且乐于接纳新的观点。

法则2　参与感：通过讲故事打破与用户之间的界限，实现消费民主化

在倾听之后，企业为了销售产品，更为了让消费者接受企业的理念，就要讲述精彩的故事。当讲故事的时候，才能使企业更具人性化，而且更加立体和生动，也才能吸引消费者并促使他们和你进行情感沟通，有所行动，才会想要进一步地了解你的企业。一位深得人心的领导者具有卓越的远见和目标，而且总会有故事打动他人，让其接受这一远见。

法则3　打造"以客户为中心"的企业价值链，以真诚的态度保持线下线上的高度一致

真诚是唯一能让企业保持线上线下高度一致的准则。具备互联网思维的企业领导者会诚实地评价自我，具有无与伦比的正直品质。谦逊是真诚领导者的特征，也能创造出积极的、有吸引力的能量。消费者、员工和媒体都愿意帮助一个真诚的人取得成功。在过去，个人的公众形象和个人形象是有所区分的，但社会性的互联网模糊了这一界线。深得人心的领导者在网上是坦率的，他们将私人生活与职业生活融为一体。

法则4　简单：让消费者的生活简约到极致

这个世界比以往任何时候都更复杂，但消费者们最喜欢的往往是简单——简单的设计、简单的外观、简单的功能。提取出复杂的项目、挑战和想法中最简单的成分，可以让消费者、员工和其他利益相关者更好地理解并认同你的观点。人类追求的都是简单，所以具备互联网思维的企业领导者必须要专注并实现对于简单的追求。

前　言
互联网时代，得屌丝者得天下

法则 5　快速迭代：从细微处入手，快速适应，快速反应

互联网时代下市场的变化速度是人类历史上前所未有的。企业领导者们必须灵活把握瞬息万变的机遇和挑战，在正确的时间机敏地做出战略转移。人们需要的不是故步自封，相反，谦逊和适时改变的意愿才是具有互联网思维的领导者的标志。

法则 6　给客户想要的一切，营造非凡的客户体验

绝大多数人会期待着日常生活中有惊喜出现。互联网时代，通过大数据为客户提供精准而愉悦的推荐是任何一家企业都必须遵循的准则之一。具有互联网思维的企业领导承诺得少，但兑现得多，确保能以积极的方式给客户和员工带来惊喜。我们将会探索多种以较低的成本为人们带来惊喜的方式。我们都喜欢被人取悦，惊喜与愉悦会赢得大家的口碑，从而创造更多的销售机会。

法则 7　做一家真正透明的企业：利用社交媒体，分享越多，得到越多

互联网时代，信息正以前所未有的速度传播，没人能够有藏身之处，而想要隐藏秘密的商界人士最终也会被曝光。公开和坦诚不仅能让员工和客户更开心，同样也能让你自己更开心。

法则 8　让企业成为员工发挥最大潜能的平台

团队协作对企业成功转型来说至关重要。不论公司规模多小，你每天依然要和他人打交道。让他人出彩、鼓励新奇的想法、遵循团队中其他的工作法则，这些都将依托于一个有着积极、忠诚员工的团队，来帮助企业成为一家深得人心的公司。企业更需要成功的企业文化作强大的后盾，而创造性思维就包括其中。

除了上述这 8 大互联网思维法则之外，企业要想真正在互联网浪潮中实现蜕变，必须要有相应的计策来帮助企业华丽转身，真正成为一家具有互联网新思维的企业。本书我们还会为企业转型奉送上 3 大互联网变形计。

Likeable Business
Why Today's Consumers Demand More and How Leaders Can Deliver

| 互联网新思维 |

互联网变形计 1　从企业的神坛走下来,积极回应和真正关心你的客户

从本质上来说,积极回应的商业价值观是消除客户不满的中和剂,也是愉悦客户的放大剂。具有互联网思维的企业领导者要学会对现有客户、员工、投资者和潜在客户作出积极的回应。每个利益相关者都是潜在的导火索,可能带来好事,也可能带来坏事。成功的领导者会意识到这一点,并坚持培养积极回应的企业文化。回应显示出你很关心,还能为客户和员工提供表达自己的机会,从而使他们为公司带来积极的影响。

互联网变形计 2　始终保持激情,把工作当成事业

热爱工作的人一辈子都不是在被迫工作。能把激情带到工作中的人拥有明显的优势,因为那份激情也会感染到他的客户和同事。发掘并增加激情,绝对会给你的利润带来影响。

互联网变形记 3　学会感恩,超越客户的期望

感恩无疑是企业领导者最优秀的品质之一,一位深得人心的领导者都会对为他们提供机会、帮助他们成功的人心存感恩。对导师、顾客、同事以及其他利益相关者表达感恩,会让领导者们保持谦逊,同时也会让他们得到别人的欣赏和更好的接纳。这同样能让你感觉很棒,而且这种因果关系通常会反映在公司的利润上。

我们还将探讨互联网思维的每一条法则对于越来越社交化的企业有什么启迪。也就是说,企业在内部和外部通过社交媒体来构建互联网新思维时,该如何运用好每一条法则?

如果你想要在互联网时代有所成就,就必须欣然接受"社会化",不是将其作为创建 Facebook 主页或者 Twitter 账号来"进行营销"的方式,而是彻底颠覆传统的商业理念,由内而外完成企业的互联网转型。

显然,并不是所有企业都具备互联网新思维的,但不论在大企业还是小公司,绝大多数优秀企业的领导者都至少在运用其中的某些法则。我们

前　言
互联网时代，得屌丝者得天下

　　将要探索的故事能够证明在构建互联网时代下深得人心的企业时，这些互联网新思维经营法则所发挥的强大力量，而且这些法则更能给企业带来经济效益。

　　如果大公司的首席执行官能够积极响应、具有快速适应和反应能力而且很有激情，就能保证顾客不会遇到类似《美联航弄坏了我的吉他》或者"康卡斯特公司的技术人员在我的沙发上睡着了"的事件吗？当然不是。但正是领导者的这些品质构建起了企业中所有的重要文化，而这些文化又会直接影响顾客的体验。任何一家企业的领导者都会为自己的员工定下基调，而这些人最终又会为产品、服务和顾客的体验打下基调。在互联网时代，每一位消费者的体验都比以往任何时候重要得多。

消费者在企业实现互联网转型过程中的作用

　　1月份，我带全家人去特克斯和凯科斯群岛（Turks and Caicos）的海滩度假村度假，这是我这辈子所经历的最美妙的一个假期。我们在那里只待了4天，但日程排满了有趣的活动，而且天气很好，海滩非常漂亮，度假村工作人员的服务也很令人满意。《芝麻街》（The Sesame Street）中的角色与我们融合得特别棒，因为孩子们不仅可以和大鸟（Big Bird）、艾摩（Elmo）、佐伊（Zoe）[①]拍照，还可以和他们一起玩耍、做游戏，他们还开了个舞会。最神奇的是，在那儿的最后一晚，佐伊来到我们的房间，帮我的女儿们掖好被子，还给她们讲了一个故事，我想这段记忆我们一定毕生难忘（见图0—2）。

　　我不仅在这里跟你们讲述了这个故事，还在Facebook、Twitter、Instagram和Google+等网站上与数千人分享了这个故事。

[①] 三者均为《芝麻街》中的人物。——译者注

图 0—2　我们在度假村的美妙经历

资料来源：戴夫·柯本

当和公司或者客户服务代表或者销售人员之间出现问题时，我会通过社交媒体把这些问题分享给全世界。我坚持认为公司应该提供高标准的产品和服务，如果他们没有达到那些标准，我就会将此公之于众。我们不都应该这样做吗？同时我也会分享一些深受人们喜爱的企业领导者经历的故事。我希望全世界看到这些优秀的商人和企业，他们乐于倾听顾客、积极应对变化的需求、充满激情并心存感恩。

可能你是一位商人或公司里的销售人员或领导者，但同时也是一位消费者。作为消费者，我们有机会更有责任去分享好的以及不好的经历。

你有机会通过社交媒体追究无良商家和领导者的责任，而商家也有机会得到消费者直接和快速的反馈。当奈飞公司在2011年9月改变政策并计划启动快斯特（Qwikster）的时候，外界做出了回应，而该公司也很快改变了原来的计划。社交网络甚至可以联合反对者并推翻那些不得人心的企业领导。

除了机会，随之而来的还有消费者的责任，消费者有责任分享有关深得人心的领导者和企业的故事，是他们让我们的生活变得更加美好、更加

前　言
互联网时代，得屌丝者得天下

开心，还向我们提供了能增加价值的、简约的产品和服务。接下来当你阅读我所分享的具有互联网思维的、深得人心的企业的故事和互联网思维法则时，请你不仅要思考应该如何改变自己的公司，更要思考作为一个消费者如何找到其他深得人心的企业，然后你就可以分享自己的故事了。

最后，我们将要探究的一个关键法则就是积极回应。这是企业应具有的核心价值观之一，同样，作为企业领导者，我也在坚持每天都回复 Twitter 和 Facebook 上的所有信息和留言。在你读这本书的时候，请记住我一直都欢迎大家的反馈、问题、想法和思考。你可以在阅读过程中联系我并提出问题，可以通过 Twitter 或者 Facebook 联系到我。现在让我们开始学习如何迎接互联网时代的挑战，转变观念，真正成为赢得屌丝拥护与喜爱的企业吧！

Likeable Business
Why Today's Consumers Demand More
and How Leaders Can Deliver

| 目录 |

01 用户思维 /001
打破企业与消费者的疆界，实现商业民主化

在这个密切相连、由社交媒体驱动的互联网时代，公司已经不能庸庸碌碌地度日了，他们必须充分关注自己的用户，树立"用户至上"的思维和理念。而消费者也掌握了主动权，愿意参与其中，与企业共同来实现商业的民主化。

02 简约思维 /051
从产品到服务，力求专注与简单

了解人类的本性对于向顾客传递满意是至关重要的。在一个淹没在饱和的产品种类、充斥着广告和连续媒体流的环境中，简单就是竞争优势，是一种不可估量的力量。

03 迭代思维： /067
敏捷适应，力求做到精益求精

一个具有快速适应能力的企业能够满足消费者千变万化的需求。消费者不会停滞不前，同样，企业也不可能一成不变。在移动互联网时代，你无法指望可以止步不前，也不可能固守最初的产品和所提供的服务。

04 服务思维 /085
让客户愉悦，做好互联网服务

互联网时代，通过大数据为客户提供精准而愉悦的推荐，并不需要与令人兴奋的惊喜有关。事实上，它在通常情况下也不应该与之有关。顾客在你的公司享受到愉悦的时候不应该感到惊喜；他们来你公司消费的时候就应该对你抱有这种期望。愉悦就是营造一种非凡的客户体验。

05 社会化思维 /103
社会化商业时代的到来

随着社会化商业时代的到来，其核心是互联网，公司面对的消费者以互联网的形式存在，这将改变企业生产、销售、营销等整个形态，社交媒体成为企业与消费者之间沟通交流的平台，信息正以前所未有的速度传播，而商业丑闻也会以光速传播。不透明的公司都会被发现，这点毫无疑问。隐藏真相是不可能的，所以不要白费工夫了。

目 录

06 平台思维 /119
打造多方共赢的生态圈

互联网的平台思维就是开放、共享、共赢的思维，这就意味着要把企业打造成一个开放的、多方共赢互利的生态圈。这个企业的平台不仅要成为企业与消费者、供应商等联系的平台，还要成为员工发挥最大潜能的平台，甚至是一片属于他们自己的微创新、微创业的小天地。

07 未来十年的企业互联网变形计 /139

企业如何在移动互联网浪潮中实现蜕变，必须要有相应的计策来帮助其华丽转身，从而真正成为一家具有互联网新思维的企业。

结 语
写给未来十年的企业经营者 /195

Likeable Business
Why Today's Consumers Demand More and How Leaders Can Deliver

01

用户思维
打破企业与消费者的疆界，
实现商业民主化

用户思维是互联网思维的核心思维。它不是自我标榜，也不全是道德自律，而是你必须有意地真心真诚地这么去做。

法则 1 倾听：从说服到倾听，找到客户所关心的，而非你认为重要的

> 别人说话的时候，完整地倾听。绝大多数人从来都不会倾听。
>
> 欧内斯特·海明威

我终于下定决心要听从自己的建议：闭嘴，然后倾听。5 年来我一直领导着一家从事社交媒体营销的公司，宣扬通过社交媒体来传递倾听的价值。我写了一本书，名叫《超赞营销：社会化媒体擦亮品牌》，主要内容是"首先要倾听，并且任何时候都不要停止倾听"。我曾在很多场数千人规模的现场活动中宣传倾听顾客和同事的心声的益处。

然而，我和很多领导者一样备受一种综合征的折磨：我有很多想法，而且我喜欢与别人分享这些想法。但是，严格来讲，这意味着讲话，而不是倾听。我想更好地了解我的团队在没有我的情况下是如何运作的。我想将我所宣扬的理念付诸实践。于是，我开始选择闭嘴，并且组织召开了一次长达 1 个小时的管理团队会议，在整个会议期间我一个字也没有说。

刚开始，大家都很震惊，不知道要说些什么。当他们问我问题时，我只是摇头，以此来表示"今天我不说话，只是倾听，你们继续"。接下来发生了神奇的一幕：经理们接受了挑战，并在我不说话的情况下起到了领导作用。大家交换了意见，其中有一些我不喜欢，有一些深得我心。也有很少一部分人仍然保持着沉默，当然这没什么问题，但一些不常在会上发

01
用户思维：打破企业与消费者的疆界，实现商业民主化

言的人却发言了，还有另外一些人说得更多了——我不说话，就给了他们说话的时间。

我的倾听是一件礼物，它给了别人被倾听的机会。当然，这对我来说也是无价之宝，因为只有这样，我才可以深入了解别人的想法、解决问题的技巧和内心的愿望，甚至是别人的优点和不足之处。这些都来自我那1个小时的闭嘴和倾听练习。

熟能生巧，随后的几个月，我有了很多练习倾听的机会，但我做得还远远不够完美。我会一直是一个有着疯狂想法的企业家，而且我可能还会一直挣扎于倾听和谈话的矛盾中。但我倾听的越多，我学到的东西就越多。

《韦氏词典》（*Merriam-Webster*）中对倾听的定义是："集中注意力听某事，同时带有自己的思考并表现出对说话者的关心。"很显然，倾听并不仅仅是听，而在于关注他人并试图理解、体谅他人。它是一个思考的过程，在这个过程中，你要考虑什么东西对他人来说是重要的，而不是对你来说可能是重要的。

在任何倾听的过程中，他人要说的话都比世界上任何其他事情更值得你去关注。倾听很难，可能比你想象的要难得多。有足够的证据表明：与女人相比，男人倾听的难度更大。对于我们中的一些人来说，让他们在约会和恋爱的时候闭上嘴巴倾听是很困难的一件事，所以我们之中有很多人将会面对一个充满挑战的开端。

为什么倾听那么难，却又那么重要

领导者、商人和企业家都有无数的想法，很多人一整天都在思考如何让世界变得更美好、如何挣钱以及如何解决问题。积极的倾听从本质上要求他们把自己的想法放到一边，即便是暂时的也好，这样才能把精力集中到别人要说的话上。

尽管这样做可能很难，但恰恰是对现有顾客、潜在顾客、同事、员工和其他人的倾听，才能让企业领导者更好地了解顾客的需求和动机，最终使自己的观点变得更加完善、更加具有可操作性。像这样的领导者才需要学习如何更好地倾听，而且比世界上的追随者们更需要学习。

我在 22 岁刚开始创业的时候，只是迪士尼电台（Radio Disney）的一名推销员，那时候我很年轻也很愚蠢。我以为只要拥有很好的产品，人们就会乐意听我谈论它，以为自己很有魅力、很有说服力，以为可以使决策者们相信用了我的产品就能解决他们的营销问题。

然而我错了。尽管自以为很有魅力、很有说服力，我最后还是一败涂地。工作了几周之后，我的导师佩姬·艾福瑞特（Peggy Iafrate）问我："对于潜在顾客要说的话，你倾听的怎样了？为了更好地了解他们，你问了多少个问题？你如何向他们展示你更关心他们，而不仅仅是想向他们推销东西呢？"

我并没有很好地倾听别人。其实，从本性上来说我就是前面所描述的那种人：有满脑子的想法、1 分钟能跑 1.6 公里、缺乏耐心的纽约男，总是有话要说而且从来不会放慢语速。所以，我费了很大精力，通过多次练习才学会倾听佩姬跟我说的有关倾听的内容，并听从了她的建议。

我开始向潜在顾客询问更多的问题。我专注于倾听他们的问题，了解他们的兴趣，认真倾听他们所说的每一个字。我很少考虑怎么说服他们与迪士尼电台合作推出广告，相反，我专注于仔细倾听他们要说的所有话，这样我就能更好地从人文关怀的角度来理解他们，也能更好地了解他们公司的需求和挑战。一旦我理解了他们，就既能从产品上，也能从销售方式上更好地为他们提供想要和需要的东西。

在我开始学会倾听之后，事情很快就步入了正轨。6 个月之内，我成为全国排名第一的当地推销员，1 年之后，凭借在销售上取得的成功，佩姬为我颁发了米奇奖（the Mickey Award）。这一切都归功于我学会了闭嘴并去倾听。

01
用户思维：打破企业与消费者的疆界，实现商业民主化

奈飞公司搞砸了，但他们倾听了

奈飞公司的执行长官们在 2011 年夏天做出了一系列不得人心的决策。他们先是上调了所有服务的价格，后来又宣布公司的服务将一分为二：DVD 光盘租赁和流媒体服务将拥有各自独立的账号信息、账单信息、密码和队列。最糟糕的是，邮寄租赁 DVD 光盘的服务将会出现在一个名叫快斯特的新网站上。这一系列举措激怒了奈飞公司的用户，他们利用 Facebook、Twitter 和留言板来表达自己的愤怒和失望。公告宣布没多久，奈飞公司的首席执行官里德·哈斯廷斯（Reed Hastings）就做出了一个令人吃惊的举动：他没有固守那些不得人心的决策闷头前进，而是在奈飞公司的网站上发表了一篇简短的博客。

> 很显然，对于我们的很多成员来说，两个网站会让事情变得更麻烦，所以今后奈飞还是会用一个统一的平台，用户既可以享受到 DVD 光盘的服务，也可以享受到流媒体的服务。这意味着没有变化：还是一个网站、一个账号、一个密码……换句话说，没有快斯特了。虽然 7 月份的价格变动是必要的，但从现在开始我们不会再调价了。

哈斯廷斯本可以找个庇护所躲起来，然后拒绝改变政策。毕竟，商人因为自己的产品而变得自负也不是什么新鲜事。很多时候，商人们往往会想出一个糟糕的主意，然后就和这个主意一起躲开大众的视线，他们只需要等风平浪静之后回来收拾残局就行了。但哈斯廷斯决定减少损失而不是拖长损失时间，他承认那是一个糟糕的主意，并推进了整个事件朝着有利的方向发展。

简而言之，哈斯廷斯选择了倾听和诚信。他的决策不仅使人眼前一亮，而且事实证明，从长远来看，这对公司来说是最好的决定：奈飞公司在宣布快斯特计划之后流失了 80 万名用户，但其用户人数在 2011 年第 4 季度

净增长了61万。道理很简单：当你不懂得聆听顾客的时候，就会面临丢掉他们的严重后果。因此，倾听是企业的一种态度，而加强与消费者的沟通、倾听消费者的心声更是企业的重要责任。

倾听有助于与消费者建立起良好的关系

移动互联网时代，话语权已经从企业转移到消费者手中了，企业只有放下自身的大架子，与消费者进行心灵的对话，去倾听消费者心声，消费者才会有兴趣说出心里话，进而与企业建立起良性的互动，加强彼此之间的信任关系。

20多岁时，我在经历了太多的第一次约会之后，才认识到倾听是如何成就或摧毁一段关系的。第一次约会很像是与前景广阔的潜在合作伙伴或同事进行的第一次生意来往：双方都在互相打量，努力迅速判断着对方是否存在吸引自己的地方。第一次交往时（以及此后的每一次交往中）你越用心倾听，越能更好地了解对方，了解他的愿望和需求，越容易找到共同之处，并且培养相互间的吸引力。

无论是在约会、商业往来还是日常生活中，当人们感受到对方的倾听时，便会向对方敞开心扉，这样有助于建立起一段真实的关系。

倾听潜在顾客可以帮助你了解他们的问题和痛处，这样你就能利用你的产品或服务帮他们解决这些问题。另外，倾听能帮助你建立起全新的关系。众所周知，人们总是愿意和自己了解、喜欢、信任的人做生意，而要建立好感和信任，倾听是至关重要的。倾听现有顾客能帮助你继续维持那段关系，但更重要的是，它能帮助你了解如何向顾客提供更多的产品和服务，了解产品和服务需要做出怎样的改进。倾听同事和员工能帮助你建立企业文化，做得更好的话，能有助于你了解公司里有什么空缺需要填补，还能帮助团队里的每一个人感受到自己的重要性。

01
用户思维：打破企业与消费者的疆界，实现商业民主化

倾听所有人，做到童叟无欺

只要消费者或企业员工想与企业沟通，就一定能找到沟通的管道，如通过Facebook、Twitter、微信等互联网社交工具。此时，企业应该主动邀请他们到企业来，一起坐下来，去全神贯注地倾听，无论你倾听的对象是何人，这无疑是企业对消费者或企业员工最有效的帮助。

熊熊工作室（Build-A-Bear）的创始人兼首席执行官玛克辛·克拉克（Maxine Clark）是一个热心的倾听者。克拉克坚信倾听顾客有着巨大的商业价值，因为最终他们的想法会成为销售量的驱动力。从熊熊工作室建立初期，克拉克就拥有一个全部由孩子组成的咨询委员会，这个被称为"小小咨询委员会"的成员们一直很乐意为熊熊工作室的产品出谋划策。克拉克充分采纳咨询委员会的孩子们和其他顾客的建议，以此确定新店在哪里开、哪些新品需要推出以及哪些产品需要下架。

正因为克拉克是个热心的倾听者，所以她对于细节极其关注，比如熊熊工作室为了增加泰迪熊运动鞋的摩擦力而为其配备了螺纹鞋底，另外微型泰迪熊望远镜是可以真实使用的。这些对于我们成年人来说可能是最微不足道的东西，而且还要花费我们更多的钱，但是对于孩子们来说，这些东西会让世界变得更加美好。

同样，克拉克也会努力倾听员工们的心声。她总是鼓励同事们尝试新的、有创造性的事物，因为不知道谁的好点子就会为公司带来巨大的效益。当熊熊工作室做好推出新产品的准备时，克拉克会联系拥有最高新品销售量的门店，征求他们的意见和建议，并将这些意见和建议转达给团队的其他成员。克拉克的付出让她在商业成就上获得了丰厚的回报：熊熊工作室超过60%的顾客都是回头客，他们会提前做好购买计划；另外，2011年工作室遍布全球的400个分店营业额达到了3.94亿美元。这确实是倾听所带来的巨大回报。

不是只有像熊熊工作室这样的大牌企业才相信倾听的力量。文森特·坎纳利亚托（Vincent Cannariato）是文森特豪华轿车（Vincent Limousine）的首席执行官，这个公司规模非常小，就像精品店一样，为顾客提供高端的交通服务。

文森特是这样向我描述倾听的："我倾听客户的意见和建议，因为他们比我知道得更多。优秀的经理并不知道问题的答案，但他会向正确的人请教正确的问题。没人能做到无所不知，我并不指望我的经理们知道所有的事，但我希望他们能向正确的人请教正确的问题，然后静下心来倾听。那就是答案所在。"

倾听的艺术

商业领域中的倾听是一门艺术，还是一门科学？或者两者都是？理查德·利维琛（Richard Levychin）是KBL的管理合伙人，KBL是纽约的一家会计师事务所，其客户既有财富500强企业，也有非营利组织和小型企业。通过这些年的努力，理查德为KBL定下了基调并制定了一个他称之为"倾听的艺术"的惯例："'倾听他人'要求大家'听到'他人对你说的话，你要能够将这些话大致地复述给他们，而且你的说话方式要向他们证明你清楚地理解了他们的意思。"

"倾听他人"的含义远不止这些。它需要你在和他人相处时动用所有的感官，包括准确解读肢体语言的能力——深入了解对方，并从内心去感受他们。它要求我们不仅要对他人作为独立的个体而十分敏感，而且要对对方所处的环境十分敏感。这里的环境既包括对方自身的文化和性格，也包括对方所处行业的文化和特征。最后，它还要求我们将分散于这些过程中的信息收集起来进行内化，然后去评估、解读，使自己能够真正读懂他人，从而和对方建立起我们所期待的关系来。

01
用户思维：打破企业与消费者的疆界，实现商业民主化

理查德又进一步把倾听的艺术分解为四个组成部分：探索、感受、亲密和映射。

探索的意思是对于你要接触的人或公司，尽可能多地获取他们的背景信息。 也许这听起来和倾听没什么关系，但其实对于一次接触，你准备得越充分，就越能在双方互动的过程中更多地练习专注的倾听。在探索的过程中，你要找出潜在的亲密之处，这些东西可能不会对公司生意上的成败起到多大作用，却是企业文化的核心，也可能是对你要接触的那些人们来说很重要的东西。这些潜在的亲密之处包括多元化、无纸办公环境、已婚育员工的灵活日程安排，或者是公司最支持的慈善机构。

感受的意思是当别人说话时倾听自己的感受。 这个人的发言使你激动了吗？你对他的话产生怀疑了吗？出于莫名的原因感到不舒服了吗？利用直觉来倾听，不断地问问题，并且要不停地感受这个人所说的话。

与感受紧密相关的是建立并保持亲密感，对于倾听的过程来说这也是十分重要的。 寻找你可以与别人亲密、详细交谈的共同之处，而这些共同之处最好能和你要接触的这一行业有关。共同之处无须太多，几个就够。你可以考虑做个简短的自我介绍，然后静静地坐着，倾听聊天伙伴对你的回应。你所建立的这种亲密感必须是真实的，不能是事先准备好的。

映射的含义包括：向对方展示你是在真正地倾听，用语调和肢体语言反映出你在听别人讲话。 非语言的暗示在所有交际中有时能达到90%的比例，因此映射的价值不可小觑。

理查德为我们举了一个倾听在未来商业领域中的重要性的应用实例。他说："我们公司的每个客户几乎都是通过这种方式赢得的。多亏了倾听的艺术，我们公司取得了巨大的成功。"

贝尔领导力研究院（Bell Leadership Institute）的创始人兼首席执行官杰拉德·贝尔博士（Gerald Bell）是北卡罗来纳大学凯南—弗拉格勒商学院

（Kenan-Flagler）的一位教授，他和商界名流打交道已有40年之久。关于优秀的倾听技巧所带来的影响，他有着切身的体验。

贝尔说："当你倾听别人的时候，他们会感到有价值、受人尊重、开心、有创造力，会感到更有动力、更受鼓舞，会更加热切地去解决问题并努力达到良好的效果。"同时他还提到了糟糕的倾听技巧所造成的影响："当我们不懂得倾听别人的时候，别人就会感到受伤、被拒、被贬低、不受尊重，就会缺少动力。"简单来讲，倾听技巧可以成就也可以摧毁商业领域中（或者是感情上）的任何一段关系。

在进行了数年最有效和最无效的领导者特质研究之后，贝尔建议领导者们要"像孩子们看电视一样进行倾听"。看电视时，孩子们往往会直直地坐着，稍稍向电视前倾，眼睛一动不动地盯着电视屏幕。贝尔把这种姿势称作"成功人士的倾听姿势"，他说这就是提高倾听技巧的第一步。当我的女儿观看迪士尼频道时，我就算在她面前跳来跳去，她也不会注意到我。你能像我的女儿观看《少年魔法师》（*The Wizards of Waverly Place*）那样专注地倾听吗？

借助互联网社交平台进行广泛的倾听

大公司总是在思考如何大规模地进行倾听。过去你确实可以一次只倾听一个人，或许通过组织焦点小组讨论一天倾听几十个人。但随着移动互联网时代的到来，历史上首次出现了公司可以同时倾听成百上千甚至几百万人的情况。

你的潜在顾客和现有顾客现在正活跃在Twitter、Facebook、LinkedIn以及其他社交网站上，你有责任去找到他们，倾听他们，然后加入他们。如果你不相信我，那现在请抽出几分钟的时间，打开Twitter的官网，在搜索栏输入你的公司名、产品或者类别。如果你在大公司工作，输入公司名，

01
用户思维：打破企业与消费者的疆界，实现商业民主化

然后点击"我要寻找"。如果你在小公司工作，输入产品名或你的职业。例如，如果你是牙医，输入"牙医"并搜索，就会发现现在很多人正在谈论你、你的竞争对手、你们公司的产品以及服务。现在，如果你有资源的话，就可以加入这些对话，每天倾听成百上千个人，并与他们进行互动。

IBM公司是一家跨国电脑、技术和信息技术咨询公司，它是世界第四大技术公司和第二大国际品牌。艾德·林德二世（Ed Linde Ⅱ）是IBM公司网站的一名工作人员，在与电子营销者网站eMarketer.com的一次访谈中，他描述了像IBM这样的大公司利用社交网站倾听现有顾客和潜在顾客时所采取的正式步骤。林德说：

> 我们还有一个方案叫做"倾听商机"，一些被称为"搜寻者"的志愿者会到特定的社交网站上倾听人们的对话并决定是否存在潜在的商机……搜寻者们倾听别人的对话，也观看别人的对话。比如，如果有人说"我想把我原来的服务器换掉"，或者"有人知道什么样的存储设备能在这种情况下工作吗"，又或者"我想发布一个招标书，有人有模板让我学习一下吗"。那些都是很好的线索，证明有人要买东西或者准备买东西。
>
> 我们努力找到这些商机，把他们介绍给业务拓展代表，这些代表都是经过训练的电话销售代表，业务拓展代表会和具有潜在商机的人们进行谈话，争取到向其推销的机会。他们争取到机会以后就会把这些人转给适当的销售人员进行跟进……可以说"倾听商机"目前已经成为我们最好的创举。我们已经通过智能倾听方案发现了价值数百万美元的销售商机，而且已经做成了很多笔生意，我们期待达成更多的交易。这将是一个很大的增长区域。

据林德所说，IBM公司已经通过社交倾听方案发现了"价值数百万美

元的销售商机"。这并不是单纯地听顾客们谈论 IBM,而是倾听人们所使用的、能体现出他们是强大潜在顾客的关键词和关键字。

尽管你可能没有资源来进行如此高级别的倾听,但肯定可以或多或少动用一些资源来分得一杯羹。记住,你要倾听的不仅仅是商机,更是产品或服务潜在的问题和挑战,是消费者的想法和问题,是人们口中你所面对的竞争。无论公司或品牌的大小如何,你可以利用的谈话和话题几乎都是无穷无尽的。

学不会倾听,一切皆枉然

如果你不仔细倾听会怎样呢?你的竞争对手会倾听,而且即便你有更好的产品和服务,他们也会撬走你现有的客户和潜在客户。市场会发生变化,而且你根本就留意不到这种变化。你的员工和同事得不到倾听,就会对公司变得漠不关心,企业文化也会跟着遭殃。无论你的产品有多么神奇、想法有多么伟大,企业是与人有关的,如果你不能倾听那些人,其他一切就都不重要了。

纳塔莉·佩托霍夫(Natalie Petouhoff)博士是一位商业战略家,她的职业是研究公司如何与顾客和员工打交道。佩托霍夫研究了百视达公司(Blockbuster)从急速衰落直至破产的过程,想要对其问题根源一探究竟。她的发现很简单:百视达公司没有倾听。

如果仔细看看百视达公司破产之前社交媒体上有关它的对话,我们就会发现,消极的言论都是围绕着延迟罚款规定而展开的。很显然,电影运送这一服务根本没起作用。顾客必须到店里来租下需要的 DVD 碟片,还要记得按时归还,否则"罪恶的"延迟罚款就会消耗掉他们对这家公司的积极态度。

然而,百视达公司既没有倾听顾客的心声,也没有转变经营模式。佩托霍夫设计了一个文字云来描述社交媒体上关于百视达公司的谈话,字越

01
用户思维：打破企业与消费者的疆界，实现商业民主化

大说明它在谈话中出现的次数就越多。从图 1—2 清晰可见，对于百视达公司延迟罚款规定的抵触情绪一直笼罩着这些谈话。如果百视达公司的代表认真倾听了社交媒体上的这些对话，他们也许就能在陷入严重困境之前发现关键问题。与此同时，百视达的竞争者奈飞公司和红盒子公司（Redbox）则趁虚而入，而百视达公司不得不在 2010 年 9 月 23 日申请破产。如果百视达公司愿意倾听顾客的话，这一商业上的失败是完全可以避免的。

图 1—1　百事达没有倾听，但它的顾客却在听

资料来源：纳塔莉·佩托霍夫

不要用倾听的时间去讲话

维恩·哈尼什（Verne Harnish）是企业家组织（the Entrepreneurs' Organization）的创始人，《掌握洛克菲勒的习惯》（*Mastering the Rockefeller Habits*）一书的作者，也是我们这个时代杰出的商界领导者之一，我曾有幸与他交谈过。在移动互联网用户思维法则中，他坚信倾听是最重要的。维恩和我分享了迈克尔·戴尔的神话。迈克尔·戴尔是戴尔电脑公司的创始人兼首席执行官，如果不能算空前绝后的话，也是有史以来商界最好的倾听者。

所有和迈克尔·戴尔一起工作过的人，以及与他有过直接接触的人都说过他会是你所见到过的最专注的倾听者之一。他一直坚信倾听比谈话更重要。我曾与戴尔公司的一位荷兰籍国家经理一起共事，他曾与戴尔一起参加过会议。他说戴尔在45分钟里一个字也没说，最后终于开口说话，但是就提了一个问题，一句多余的话也没说。

然后维恩说，他曾经见到过倾听者的经验水平和倾听能力的直接关系。他甚至用数据证明了这一点。随着领导者们越来越成熟，两条特定的关键绩效指标便可以运用在所有的重要会议中，不论是和顾客、供应商的会议，还是内部团队的会议。首先，计算出与讲话相比你倾听的时间。随着你越来越成熟，倾听时间和讲话时间的比率会有所上升。其次，计算出你提出的问题与给出的答案的比率。提出的问题越多，就说明你倾听得越仔细。

最后，维恩打了一个意味深长的比方：每一次领导者在团队中占用倾听的时间去讲话，他们都是在培养猴子，这些猴子注定只会执行命令，而不会独立创造、创新或者解决问题。你说的越多，背后的猴子就越多。同样的道理，你说得越少，猴子就越少。

互联网思维启示录

随着公司更好地把握住了社交媒体和移动互联网所带来的变化浪潮，在企业具备社会化思维，搭建起与消费者、员工沟通的社会化平台时，社交方面的倾听便成了企业倾听活动的中心。

首先，请注意人们最讨厌的一件事，我们要把"监视"这个词从社交倾听领域里划掉。监视是美国中央情报局和联邦调查局干的事，没有人愿意被监视，但每个人都希望被倾听。

那么当商业越来越社会化的时候，企业应该怎么

01
用户思维：打破企业与消费者的疆界，实现商业民主化

进行倾听呢？社交倾听分为两类：内部倾听和外部倾听。内部的社交倾听要确保员工可以利用社交平台进行半公开的谈话。在这里我推荐两个这样的平台：杰夫网络（Jive Networks）适合大企业，亚美（Yammer）适合小企业。这两个平台都可以让员工轻松地进行交流并加强互相间的合作，同时也能保证领导者们有倾听的机会，从而利用了解到的信息把公司建设得更好。在使用像杰夫和亚美这样的付费工具之前，你可以先考虑免费工具。在 Facebook 或 LingkedIn 上为员工和顾客建立封闭的私密聊天群，你就可以倾听他们的对话并了解到很多信息。

外部的社交倾听是一个迅速发展的领域。社交媒体分析网 SocialMediaAnalysis.com 列出了 300 多家社交倾听行业的公司。我推荐给大家的四个公司是 6 弧度（Radian6）、赛索莫（Sysomo）、里秀慕（Lithium）和深红六角（Crimson Hexagon）。这些公司的主要业务范围是整理和分析 Facebook、Twitter、博客以及其他社交网络上包含你想要追踪的任何关键词的大量数据。换言之，他们倾听人们在社交媒体上对你公司、公司的产品和服务、公司的竞争对手和公司所在行业的谈论。对于大企业来说，确实有相当多的数据。Twitter 上每天有超过 3.5 亿条消息，仅这一个网站就能提供如此大量的数据。有了这些数据，接下来要做什么就由你决定了，但我能确定的是，你可以利用这些信息打造更好的产品，找到更多的顾客并且提升品牌的声誉。

如果公司比较小，你完全可以自己利用 Twitter 搜索、

谷歌提醒或者其他免费产品来完成外部的社交倾听。最重要的一点是，无论你的公司规模大小，社交意味着你要倾听比过去多得多的东西。

行动清单

1. 思考你在与现有顾客、潜在顾客和同事谈话时需要倾听的词或短语，列出10件值得倾听的事。
2. 写下3种你可以在面对面交流中更好地倾听的方式，写下3种你可以在社交媒体上更好地倾听的方式。
3. 寻找可以利用社交媒体进行大规模倾听的潜在供应商和工具。
4. 写下在你公司里不努力倾听所带来的5个潜在隐患。
5. 练习积极的倾听。从会议开始，在第一次会议中你听的要比说的多；之后的会议你说话的时间要占10%或者更少；然后努力保持一整天说话的时间占10%或者更少。在这个过程中要记笔记，因为你会说的更少！
6. 与潜在客户或者合作伙伴一起练习倾听的艺术：探索、感受、亲密和映射。

01
用户思维：打破企业与消费者的疆界，实现商业民主化

倾听之道

从某种程度来说，我们的一生都在倾听。现在的挑战是要把精力集中在商业领域中更多、更好的倾听上。倾听潜在顾客、现有顾客以及同事，你要将精力完全集中在他们身上，在倾听的过程中要表达出共鸣，这样就会随着时间的推移建立起真实的关系。

如果迈克尔·戴尔在小型会议上可以45分钟不说话，那么我们也可以在面对面的交谈中说得更少、对身边的人倾听得更多。如果IBM公司可以通过社交倾听方案发现销售商机并达成价值数百万美元的交易，那么我们也可以从大规模倾听中获益。

闭嘴、倾听，全心全意地倾听。

法则2　参与感：通过讲故事打破与用户之间的界限，实现消费民主化

在当今移动互联网时代，向世界表达观点的最有力方式就是讲故事。

罗伯特·麦卡菲·布朗（Robert Mcafee Brown）

移动互联网时代，企业与用户之间的界限被打破。当你讲故事的时候，你就更具人性化，而且更加立体和生动。当你讲了一个很精彩的故事的时候，人们会觉得和你有情感上的沟通，也会想要进一步地了解你。你会变得深受欢迎。这条法则也同样适用于企业。

2005年年末，我和当时刚求婚成功的未婚妻嘉莉，在纽约安德鲁餐厅吃饭的时候开始讨论婚礼事宜。作为公众人物，我很想办一场盛大的婚礼，和尽量多的人分享人生中的重要日子，但是在纽约举办婚礼必然会花费不菲。多亏我们在市场和推广方面具有丰富的经验，嘉莉有了一个绝妙的想法，我们决定围绕婚礼展开一场推广活动。

我们俩都是铁杆棒球迷，于是联系了纽约大都会棒球队在小联盟的下属球队布鲁克林旋风队（Brooklyn Cyclones），告诉他们我们准备比赛之后在本垒板举行婚礼。我们确保有赞助商来支付婚礼的花费，而每个赞助商都会在赛前和赛时对自己的品牌进行推广。赞助商和旋风队都有希望从民众和媒体对这场有5 000位宾客参加的棒球比赛的关注中获益。

旋风队的总经理史蒂夫·科恩（Steve Cohen）一开始觉得我们的想法

01
用户思维：打破企业与消费者的疆界，实现商业民主化

太疯狂了（事后想想，也许我们真的是疯了），但后来他爱上了这个想法，也给了我们一个机会。接着1-800-鲜花网（1-800-Flowers.com）也爱上了这个想法，还提供了婚礼所需的鲜花，然后皇冠伏特加店（Smirnoff）提供了酒水，大卫婚庆公司（David Bridal）提供了伴娘的礼服，恩滕曼家（Entenmann's）提供了甜点；后来还有数十家其他公司也加入了进来。

2006年7月，我在500位亲朋好友和5 000位陌生人的见证下，在一场美妙的棒球场婚礼上迎娶了我的妻子。我们从赞助商那里征集到了10万美元来支付婚礼的花费，还为多发性节结硬化症协会（MS Society）募集了20万美元的善款。

事实证明，这场活动确实为我们的赞助商们带来了很多的社会关注。婚礼成为多家媒体的关注热点，包括CNBC的哥伦比亚广播公司"早间秀"节目（CBS Early Show）、美国广播公司"今夜世界新闻"节目、《纽约时报》以及其他数百家线性媒体和新媒体。我们收获的不仅是一场梦想中的婚礼，更是一次梦想中的推广：我们总共为赞助商们拉到了价值约2 000万美元的免费媒体报道。

婚礼结束后的几个星期，我们陆续接到了供应商们打来的很多电话，感谢我们为他们带来的社会关注，并询问我们接下来的打算。鉴于无法举办两次婚礼，我们决定创立一家从事口碑营销的公司，于是重点关注公司（theKbuzz）诞生了，也就是现在的众爱公司。

用户思维之道从讲故事开始

当你第一次见到别人时，他们是完全的陌生人，白纸一张——你们没有交集，你也没有理由去关心他们或者找到他们的兴趣所在。但如果你说"你好，请说说你的故事吧"，你就会了解到他们的家乡、职业和爱好，这些是构造立体人物形象的所有基础。随着谈话的深入，最宝贵的东西将会浮出水面：令人伤心的往事、有趣的轶事、童年的故事，你开始感觉到好

像真正彻底地了解了这个人。他可能不会成为你的新挚友，但你却得到了极大的情感投入。

当你听到某公司创业初期的故事，某公司给顾客的生活带来的影响，或者是某集团员工或合伙人的特殊经历时，都会有相同的感受：你会觉得和那个公司有了一条情感上的纽带。无论是具有说服力的交流，还是一般意义上的交流，其中很大一部分都是在讲故事。讲故事的时候会使你更具人性化，更加形象和生动。听了你讲述的精彩故事，人们会觉得和你有情感上的沟通，也会想更进一步了解你，你会变得深受欢迎。这条准则同样也适用于商业领域。当企业的品牌讲故事的时候，企业就会变得深入人心；当顾客深入了解企业的品牌时，企业就能盈利。

讲故事是交流的原始形态，能将全世界的人们联系起来，让大家参与起来。没有什么能像故事一样将我们联系在一起——它能为我们提供情感上的吸引力和共享的意义，从而带领我们走向更深层次的共鸣和互相理解。叙述性的故事结构能够对世界以及生活在其中的人们进行分类，能够塑造人们的身份、界定人们的价值观，能够让我们和其他人真正了解自己。当你讲述故事的时候，就为理解打开了一扇大门。

讲故事是建立关系的最有力方式

9年前，安吉拉·沙菲尔斯（Angela Shaefers）被诊断为癌症晚期，面对这一诊断结果，为了能让孩子们记住自己，她决定写一本回忆录。当她把回忆录拿给一个朋友看时，那个朋友说她的故事无比感人，应该把回忆录整理成书并出版，分享给其他人。安吉拉有些犹豫，不知道别人会不会愿意读她的故事。最后她印了500本，通过口口相传的方式将这些书全都卖光了。很快她就受邀去各种各样的教会团体和其他组织发表演讲，这时她才突然意识到她的故事有多么重要。人们找到她，就为了告诉她知道自己不是孤身一人时有多受启发、感到多么宽慰。

01
用户思维：打破企业与消费者的疆界，实现商业民主化

一个在广播台工作的朋友联系到她，邀请她开播自己的节目。这个时候安吉拉又有些犹豫，她不知道如何能够一天到晚地谈论自己和病魔的斗争。然后她突然想到：如果她的故事很重要，那所有人的故事都很重要。于是她找到那些有激励人心的故事但没有分享途径的人们，把他们的故事带到新广播节目中。

其中有一个故事让安吉拉很有触动：一个双腿截肢者讲述了他参加铁人三项赛的故事。他的经历引起了听众的共鸣，很多人都在抱怨生活不是我们想要的样子，但是他每天都必须穿上义肢才能生活。这是一个关于坚持不懈的故事，但同时也是一个关于希望的故事：他把生活的困苦和挣扎转变成无比强大的力量——他开始帮助运动员们开发义肢。

这个广播节目为克服过困难并以激励他人为目标的人搭建了一个平台。现在安吉拉的公司——你的故事很重要（Your Story Matters），力求保持一样的关注点，宣扬"你很重要"，力图每次通过一个故事来改变世界。

对于不知道如何与公众保持联系的公司来说，安吉拉讲故事的方法是个很好的例子。讲故事可以建立联系并巩固关系。最成功的故事就是能让别人联想到自己所经历的故事，当大家听到这种故事的时候会说："我很理解你，我也有过那样的经历。我能想象，我知道那是怎样的一种感觉。"正因为人们的诚实和各自的弱点才有了这些故事。每个人都有故事，每个公司都有可以和别人分享的经历。能够进行有效交流的人才能真正敞开心扉和别人分享他们所面临的挑战，以及成就了今天的他们的那些难忘的事或经历。

从个人层面来说，作为公司的领导者，能够向别人讲述自己的故事可以使你真正了解自己，了解自己的长处、短处以及性格特点。即便你不把自己的故事和别人分享，而仅仅是把它们写下来，你也为真正认识自己开启了一扇大门。通常情况下，当你仔细体会时，就能发现故事的主题和教训，这就是你这样做的目的。

讲故事有时候会有一种强大的力量，可以开启难以置信的机遇大门。安吉拉可以通过自身的力量来帮助其他人，也可以做那些她自己充满激情的事情。正如她告诉我的："当你充满激情、目标明确、了解自己、知道自己经历过什么，也知道自己何去何从的时候，生活就会变得全然不同。"

2012年，在第一届"深得人心的你"（Likeable U）研讨年会上，我的朋友卡里·切西克（Cary Chessick）有幸见到了安吉拉，卡里当时是餐饮网（Restaurant.com）的首席执行官。卡里深受安吉拉的故事以及事业所感动，于是邀请她去给餐饮网的团队做演讲，帮助员工认识到他们的故事很重要。

到那里以后，安吉拉让每个人拿出一张索引卡，在上面写下他们所经历的一件事，以及那件事对他们的影响，比如"我经历过一次离婚，这让我认识到了自己的适应能力"。然后，安吉拉把所有的卡片放在一起洗了洗，并随机给每个员工发了一张。卡片都是匿名的，但仅仅是知道公司里的某个人曾经经历过房屋止赎的挑战或者某人的母亲处在癌症晚期，员工们立刻就能感觉到互相之间的联系更加紧密了。他们意识到互相之间的相同点比不同点更多，也因其他同事们克服了这样那样的困难还坚持每天来上班的事实而深受鼓舞。

故事影响着我们的行为以及我们与他人共事的方式。安吉拉相信公司尤其需要在联系方面下大功夫。如果我们无法感受与朝夕相处的同事之间的联系，团队协作、生产力以及最后的结果就会大打折扣。

抽出时间来写下你的故事，学习其中的道理，并与他人分享它们。讲故事是建立和维护关系的最有力方式。

与消费者分享企业的创业故事

当19岁的大学生布赖恩·斯丘达莫尔（Brian Scudamore）坐在麦当劳的"得来速"通道里时，他想到了一个之后被称为"垃圾男孩"（Rubbish Boys）的生意，这是一个为顾客做垃圾清除服务的生意，他开着车在温哥

01
用户思维：打破企业与消费者的疆界，实现商业民主化

华的大街小巷为人们清除不需要的家庭垃圾。1999年，这个公司把公司名称从"垃圾男孩"改为"1-800-有垃圾吗"（1-800-GOT-JUNK?）。在不到5年的时间里，这样一个仅投资700美元，由小型货车做起的零活，居然不断壮大，成为一家将分公司几乎开遍北美所有大城市的企业。

布赖恩用讲故事的方法促进了团队合作并发展了自己的公司，他对我讲了这样做的原因："当人们了解你是谁、知道你从哪里来的时候，就更有可能团结在你的事业周围。"每个工作日的上午11点55分，布赖恩和他的团队都会聚集在一起开个7分钟的小会，从2003年起，他们一直保持着这个习惯。员工们在会上分享好的消息、故事和观点。这些小会不仅能给团队成员提供一个了解对方、建立联系的机会，还能为公司的发展提供见解。

布赖恩和他的团队有一张图绘的公司愿景图，这幅图景用一页纸的正反两面准确勾勒出公司4年后的样子。它无所不包，从公司的目标到公司的发展战略，都进行了详细的说明，并讲述了关于公司发展方向的故事。故事使用的是现在时态，布赖恩设定目标的技巧不是提供主观的愿望，而是促使团队成员在展望计划时把它们当作已经取得的成就。最重要的是，公司未来的故事使得团队成员可以凝聚在此周围，并把它作为自己的信仰。故事能帮助你集中精力，为公司赋予了意义，还能为员工提供信仰并激励着他们不断进取。

利用社会化媒体，让企业的品牌故事口口相传

移动互联网时代，社会化媒体无疑是企业品牌营销的主战场，而口碑营销的链式传播速度非常之快，令当今企业不得不认真审视和对待如何利用好社会化媒体所发挥的作用。讲故事也许是企业吸引媒体目光再好不过的方式了。没有什么能像故事一样使企业融入人们的生活，它们让消费者有话可说，能够有参与感。

阿兰娜·温特（Alana Winter）是高跟鞋间谍学校（Stiletto Spy School）的首席执行官，这个组织通过教授普通女性探戈、调酒、特技驾驶和刀具格斗等技能，把她们变为秘密特工和超级英雄。这个学校的课程遍布全美，参与者将在那里度过一段极度冒险而又精彩刺激的时光，但同时也能学到很多有趣而且通常很有用的新技能。成为一名超级英雄是一个令人激动的愿景，也是人们来到这个学校的重要原因，这一点在高跟鞋间谍学校的业务成果中得到了很好的印证。阿兰娜解释说成功营销的关键是跟顾客讲故事——一个类似于007电影、但同时又与顾客的日常生活息息相关的故事。

"小时候我很崇拜这些角色，但是我没有信心，也没有技能成为像他们一样的人，"阿兰娜说道，"我想快点长大，然后去学校里学习这些技能，当我找不到教授这些技能的学校时，我就自己成立了一个。"阿兰娜成立这所间谍学校的故事使人们产生了共鸣，因为他们能将这个故事与自己联系起来。更重要的是，媒体免费关注高跟鞋间谍学校的第一驱动力就是有故事可讲。

"媒体关注的就是故事，"阿兰娜说，"你对媒体讲一个故事，这个故事就能使他们产生共鸣。他们就想要把这个故事写下来，并帮助你传播这个故事。"因为阿兰娜和她的员工对这份事业充满激情，也因为她的客户们一直都有非常棒的体验，所以很多人只要一有时间就会谈论高跟鞋间谍学校的故事。

故事能留在人们的记忆中。如果你让我回忆上个月的事，我无法告诉你我穿了什么或者吃了什么，但是，我可以告诉你我听到的某个故事。消费者记不住你的财务数据，也记不住产品的炫目特征，但他们会记住品牌的故事以及这一故事对他们的意义。

我的朋友文尼（Vinnie）在文森特豪华轿车公司工作，他曾经跟我分享过他第一次驾驶豪华轿车接送顾客的故事。那时候他的公司刚刚成立，而这位顾客恰好就是耐克公司的主席菲利普·奈特（Phillip Knight）。奈特

01
用户思维：打破企业与消费者的疆界，实现商业民主化

住在博物馆大厦，当时文尼非常希望自己的公司能成为这个公寓大厦的家庭服务公司，所以他格外兴奋，也迫切地希望有出色的表现。

奈特坐上这辆豪华轿车后，他们就出发了，文尼要把他送到新泽西州的泰特波罗机场。走到一半的时候，文尼回头看了看，突然发现奈特已经睡着了。他有些紧张，担心如果奈特一路都在睡觉的话，他怎么才能把耐克的主席发展为自己的客户。他在想是不是应该试着把他叫醒，但最后还是否定了这一想法。当他们到达机场的时候，奈特醒了，这时文尼决定对他说点什么："很高兴您如此信任我，以至于在车上都睡着了。希望您对这次服务满意，也希望您需要代驾时再次拨打我的电话。"奈特确实这么做了，并成了文尼的长期客户。

这是顾客和员工能够口口相传的故事，比任何推广都能更好地体现出服务的质量和诚信。文尼现在已经养成了讲故事的习惯，他意识到故事不会受到挑战，因为它们永远都是不可否认的经历。他的公司的力量来自一种能够讲述使人产生共鸣的精彩故事的能力。

当一天将要结束的时候，如果你想要讲述精彩的故事，就必须要对自己的产品、公司和品牌具有认同感。有了这种认同感，你就会忍不住要讲述自己的故事——你的顾客也会这样。

如何讲述精彩的故事

作家约翰·格林（John Green）的小说《富裕的凯瑟琳》（An Abundance of Katherines）讲述的是曾经的天才儿童与成长、天才以及对这个世界的"意义"的斗争故事。小说的主要人物科林（Colin）很不擅长讲故事，但他却对无关紧要的细枝末节非常感兴趣，可听众们却不以为然，他无法讲出具体的开头、中间和结尾部分，拎不清整个故事的要点，也不能给别人一个继续听下去或倾注感情的理由。他的讲故事教练林德赛（Lindsey）对他说："我把每一点联系在一起，这样它们就会成为一个故事……每一

处你都能看到联系，所以你天生就是一个会讲故事的人。"最终，科林也能讲述动人的故事了。

正像科林意识到的那样，故事能让我们成为对彼此重要的人。将每一个把顾客和你联系在一起的点联起来。就像在生活中一样，你需要找到有趣的、相关的细节，需要有明确的观点或信息，需要给人们在乎的理由，这样他们才会买你的东西（既要形象，又要写实）。精彩的故事能为谈话带来意义，能给人们提供在乎的理由。你需要一个观点，需要辛酸的往事，需要情感上的联系，还需要"关键时刻"发出喘息、叹气、"哇塞"、"啊"和"哦"这样的声音。

安东尼·阿基尔（Anthony Ackil）和乔恩·奥林托（Jon Olinto）这两个马萨诸塞州的孩子都很喜欢波士顿凯尔特人队（Boston Celtics），也都很讨厌洛杉矶湖人队（L.A. Lakers），共同的喜好使他们从六年级开始就成了最要好的朋友。他们在成长的过程中经常去安东尼的叔叔法里斯（Faris）家里吃他自制的美味私房菜，这位充满智慧的长辈常常会给两个孩子提供很多建议，比如"放轻松"、"好好过日子"，最重要的一条是"做个好人"。这对好友梦想着有一天能做老板，有自己的事业。

15年后，他们终于迈出了这一步，本着把快餐做出"真实感"的简单想法开了一家名叫"做好"（b.good）的快餐店。他们认为快餐应该是这样的：制作快餐的应该是真实的人们，而不是工厂。现在大波士顿地区有8家"做好"快餐店，他们出售的是手工切制的炸薯条，以及用当地农户供应的新鲜、纯天然的牛肉制作而成的汉堡。安东尼和乔恩并没有用"本地"或"纯天然"作为宣传口号，相反，他们通过对原料来源的展示建立起了食物与顾客之间的联系。在他们的快餐店里，顾客们排队买炸薯条时能真实地看到这一场景：弗兰克（Frank）在田间劳作，他种的就是即将成为顾客盘中餐的土豆，而他们一家祖孙三代都是农民。

安东尼和乔恩还让顾客也成为故事的组成部分，并以这种方式来帮助

01
用户思维：打破企业与消费者的疆界，实现商业民主化

他们共同构建这一品牌。2004年1月，在第一家门店开业之前，他们举办了一场为其中一款汉堡命名的比赛，获胜者可以终生免费享用那款汉堡。受到电视剧《脱线家族》(Brady Bunch)中角色的启发，这款汉堡被命名为"奥利弗表哥"(Cousin Oliver)。获胜者解释说："这个名字代表人们在生命中会遇到的新鲜事物，一开始你并不确定对它应持什么态度，但是很快你就会爱上它。"

在"做好"快餐店中，还有其他获胜顾客的照片被放在相框里，其中就包括公司第7届"蒜味蔬菜年度大胃王锦标赛"的冠军——一位体重约43千克的数学老师，这位严格的素食主义者在5分钟内吞下了约1千克重的蒜味蔬菜。用安东尼和乔恩的话说，这一壮举使她成为"世界上最厉害的吃炒菠菜的人"。

这对挚友刚开始经营"做好"快餐店时，并没有多余的钱来做营销，于是他们以一种非促销的方式来讲述自己的故事。刚开始的时候，这两个25岁的年轻人用的是充满自嘲的、互相逗趣的电子邮件简报。在过去的这些年里，唯一改变的就是现在他们有了25 000名订阅者以及较高的邮件开通率。他们从一开始就只是两个想要讲故事的年轻人——当然也包括他们本不该讲的那些故事，比如年轻时在音乐会上被捕这样的事。但通过这些听众关心的诚实的故事，"做好"快餐店已经发展了一批忠诚的顾客。

我最喜欢的故事之一就是他们1979年购买了埃尔卡米诺牌汽车（El Camino）切维（Chevy）以及这个名字的由来。在安东尼和乔恩成长的过程中，他们迫切地想要一辆埃尔卡米诺牌汽车，后来通过经营"做好"快餐店挣了些钱，他们便花1 000美元买了一辆梦寐以求的车。然后他们决定请当地的一位街头艺术家对这辆车进行装饰，车身画上了火焰、"做好"快餐店的标志以及法里斯叔叔喜欢的图案。他们打造完这辆"最棒的公司用车"之后，意识到还需要给这辆炫目的西班牙半轿车半卡车取个名字，于是很自然地想到了向顾客征求意见。这一次，获胜者的奖品是免费使用这辆车一周。

这辆车被命名为"埃尔·迪欧超级小丑摧毁者"（El Tio Super.y Clown Destroyer），或简称为"埃尔·迪欧"（见图2—1）。据获胜的顾客丹（Dan）说，他取的这个名字中每个单词都有特殊的含义：

埃尔·迪欧： 每个人都有、但很少有人注意到的疯狂的叔叔，比如法里斯，同时这个词也是对埃尔卡米诺牌汽车"真实"的西班牙血统的致敬。

超级： 对70年代现实根源的回溯，那时候拉皮条还是一件很酷的事，而生活也容易得多。

小丑： 麦当劳，一家将要被"做好"快餐店挤出餐饮行业的公司。

摧毁者： 这是"做好"快餐店对麦当劳和其他垃圾快餐店所做的事。它体现了美国文化中优秀的一面：让埃尔卡米诺牌汽车在20世纪70年代底特律出产的"油老虎"中脱颖而出，并为美国汽车市场中以外国品牌为主导铺平了道路。

图1—2　"做好"快餐店传奇的"埃尔·迪欧"

资料来源：乔恩·奥林托

01
用户思维：打破企业与消费者的疆界，实现商业民主化

丹说那个周末他开着"埃尔·迪欧"带着女朋友环绕了整个小镇，向"那些从没有过这种美好经历的贫穷和不幸的人们分发了'做好'快餐的健康薯条"。出乎预料的是，丹最后成为"做好"快餐店的一员，也成为公司一位很重要的投资者。

所有事都可以当作故事来讲

海浪花公司（Ocean spray）是1930年由三位想要出售果汁和水果制品的蔓越橘果农成立的。他们的第一款产品是蔓越橘果酱，紧接着又推出了蔓越橘果汁鸡尾酒。如今海浪花公司由遍布美国和加拿大的600位果农组成，而每一位果农都有自己的故事。海浪花公司在广告中讲述果农的故事，并在网站上为果农制作了简短的视频，这些视频向人们展示的是蔓越橘的生长过程，抑或是一位果农的生活。比如第4代蔓越橘果农加里·加勒森（Gary Garretson）说现在自己对工作最满意的地方就是有机会通过独特的方式与自然环境进行接触，而绝大多数人都没有这种方式。

托马斯·甘特（Thomas Gant）和他的两个儿子——史蒂夫和加里，在俄勒冈州经营着甘特农场。这个家庭是海浪花合作机构的一部分，尽管托马斯已经80多岁了，但仍是两个儿子学习的榜样。"当我们到他的年龄时如果能有他一半的成就，就算表现不错了。"史蒂夫说道。或许海浪花公司的员工们没有整天忙于拯救小狗，或许他们的首席执行官没有攀登过珠穆朗玛峰，但这个公司仍然有精彩的故事。归根结底，每个品牌的背后都有很多人，这些人创造了很多故事，正是故事使这些品牌更加人性化。

找出你公司的故事，那些能让公司充满生气的故事。从员工开始：他们是如何在公司初露锋芒的？在这里工作，他们最喜欢的一点是什么？在这里工作使他们的生活发生了什么样的改变？他们最喜欢的工作经历是什么？

每一位顾客也都有故事可讲。看看那些最有激情的顾客，或者是与你

的公司有过重要互动的顾客。找到他们之后，和他们分享故事的动机、方式和机会。仅仅需要一点点认可或鼓励，你就能促使那些顾客分享他们的经历，或许还能激发起一场围绕你的品牌讲故事的活动。

传统时代，利用广告向更多的人讲故事

如果你能坐下来，与每一位现有的或潜在的顾客喝杯咖啡，向他们讲述你的故事——你的动作幅度很大，每个重要内容都加以强调，而那位听众身体前倾，被你的故事深深地吸引——那将是非常棒的一件事。但这是不现实的，因此你讲故事的时候，必须能让潜在顾客在电视或电脑的另一端感受到故事的影响力。

对于广告来说，最重要的时刻之一就是美国国家橄榄球联盟的年度冠军赛——超级碗之夜（Super Bowl）。对于很多美国人来说，比比赛本身更让他们期待的是比赛中的诸多广告。2010年，人们谈论最多的是谷歌的广告，这个知名品牌平时并不经常做广告。这则广告中的一行字可以在图1—3中看到，它希望表达的是谷歌的搜索引擎是消费者生活中必不可少的一部分。但谷歌并没有用复杂的故事情节、演员的对话或者画外音来明确地表达这一观点，相反，公司通过一系列搜索查询讲述了一个简单的故事。这则名叫"爱在巴黎"（Parisian Love）的广告实质上就是一个爱情故事：一位男士在巴黎留学深造，遇到了一个姑娘，他请她去喝咖啡，送她巧克力，她说他很可爱，然后他们相爱了，他搬到了巴黎，他们结婚生子。这个故事简单到位，细致入微，而且引人入胜。

这则广告没有教授大家如何使用这一产品，却演示了使用方法。它没有明确告诉观众这一产品是如何在他们的生活中发挥作用的，却让观众们明白了这一点。它深入人心、切中要害，并且与观众建立起了不可思议的联系。它没有说"从翻译句子到预订机票，谷歌可以帮你完成所有的事"，而是向人们展示了一个与此有关的故事。

01
用户思维：打破企业与消费者的疆界，实现商业民主化

为了赢得超过百万的消费者，企业必须学会如何引起他们的注意、找到他们的兴趣、触动他们的心弦——企业必须学会讲述精彩的故事。

impress a french girl

图1—3　谷歌的广告

互联网时代，让精彩的故事传播得更远更广

众所周知，在过去，电视广告是大型企业面向众多观众讲述精彩故事的最好方式，但互联网使这种方式发生了翻天覆地的变化。今天，社交媒体和在线视频使公司在不购买电视广告的情况下，也能将精彩故事讲述给大众。

最近我的一个同事在 Twitter 上提到我，让我观看一个名为"你一定会哭的！"（You'll cry for sure!）的视频。确实，我点开链接，看了没一会儿就泪流满面。

视频讲述的是一个华人家庭克服重重困难的故事：一次意外伤害使这家的儿子失去了行走能力，他的父亲凭借勇气和决心一直照顾他直到康复。整个视频中保持不变的是家里的晚餐。这段视频很有视觉冲击力，很感人，也很令人难忘。同时这也是马来西亚的一个大米公司——伯纳斯（BERNAS）

的商业广告。整个视频的时长是3分多钟（真的，它值得你花3分钟的时间来看一看，所以如果你还没有看的话，去看看吧）。这是一个关于悲剧、宽恕、力量、家庭和爱的故事，是一个感人至深的故事。它不是俗气的广告歌曲，也没有代言人不停地告诉你来买吧、来买吧、来买伯纳斯的大米吧。广告歌曲和代言人不如故事那么有价值，故事是社会货币。伯纳斯认识到了这一点，所以他们讲述了一个故事，而不是制作了一个广告。

对于电视广告来说，那个故事确实是太长了。但伯纳斯并不需要购买电视上的时间，他们在网上吸引了60多万名观看者。

互联网时代，不通过电视，精彩的故事也能传递得更远更广。

人人都爱听精彩的故事

太关注于推销而不会讲故事的商人注定会碰壁，因为他们无法让顾客产生好感。想想那些给你打电话的人们，他们大部分仅是为了进行推销，而不是努力在人道层面上和你拉近距离或建立联系。让我们将谷歌的"爱在巴黎"广告和其他广告进行一个对比，比如鲍勃家具店（Bob's Furniture）的广告：两个销售人员躺在床垫上，向人们展示的是懒洋洋地坐在沙发上的场景，他们用令人厌恶的激情重复着产品有多便宜。整个屏幕显示的都是大号印刷体的商店标志、电话号码、价格以及产品特征，例如"抬起头，抬起脚！人工控制，附带按摩功能！"这些没有故事性的广告虽然有炫目的价位和卖力的销售人员，却无法带给消费者任何情感上的吸引和意义。

单纯以推销为关注点的商品信息无法与消费者建立起联系，也没有影响力。如果你自己不愿意一遍又一遍地向消费者狂吼、重复相同的语句，那么你的广告也不应该这样。推销意图不要太明显，不要给消费者当头一棒的感觉，要牵着他们的手，带他们走上一段情感的旅程。

01
用户思维：打破企业与消费者的疆界，实现商业民主化

互联网思维启示录

在社交媒体上，大大小小的公司每天都可以讲述自己的故事，无须再通过在传统的讲故事渠道——电视和广播上花费大笔资金。Facebook 上有越来越多的事例表明公司可以通过讲故事的方式进行市场营销，甚至可以建立"赞助的故事"（Sponsored Stories）广告单元，实质上这会提升你的品牌地位，还能向粉丝以及他们的朋友进行品牌宣传。Facebook 网站 2012 年的新活动"品牌时间轴"就奖励那些通过图片和视频来讲故事的品牌。

1 张图片比 1 000 个文字都有效。图片 Pinterest、Instagram、YouTube、Tumblr 等社交网站越来越受欢迎，这一事实印证了上述观点。公司可以通过图片或者是低成本制作的视频来讲述自己的故事，如果故事引人入胜的话，公司的名声就会打响。而最好的一点就是，如果故事没有那么引人入胜，那也没有关系！既然你没有花费数千甚至数百万美元在电视或广播广告上，那你第二天再分享一个新故事就是了，看看新的故事是不是效果更好。

移动互联网时代，企业应具有社会化思维，利用社交渠道去征集顾客的故事。顾客会很乐意分享与你有关的故事——好的，坏的，丑陋的，那你为什么不鼓励他们分享那些好的故事呢？如果你为他们提供简便的分享途径，并给予一定的奖励，他们一定会这么做的，比如你可以考虑举办一些比赛。在社交网站上，增加一点点附加价值就能产生广泛而深远的影响。

行动清单

1. 决定你的品牌的一个或多个故事。

   写下：

   - 你的公司是如何起步的？
   - 你为什么要做这份工作？
   - 这些年发生了哪些与顾客有关的、搞笑或有趣的事？
   - 哪些员工因为在你们公司的这份工作而使自己的生活发生了变化？
   - 你的公司支持哪些慈善组织或事业？

2. 你可以通过什么方式激励或鼓励顾客分享他们的故事？快速想出3种方法，让他们能够更加容易地分享关于你的故事。

3. 你可以通过什么方式为公司创造出新的故事？写下你希望能够在3年之后讲述的3个故事。

参与之道

讲故事是传递信息的最有效途径。具有用户思维的公司懂得如何讲述精彩的故事。作为人类，我们需要故事，故事能帮助我们理解世界并找到生活的真谛。感动消费者，让他们了解你是谁，你为什么是这样，以及他们为什么要关心这些。我们都有很多故事。发现自己的故事，并开始分享它们吧！

01

用户思维：打破企业与消费者的疆界，实现商业民主化

法则3　打造"以客户为中心"的企业价值链，以真诚的态度保持线上线下的高度一致

> 过去我不知道做最真实的自己能让我变得如今天这般富有。如果我早点知道的话，早就这么做了。
>
> 　　　　　　　　　　　　　　　　　　　　　　奥普拉·温弗瑞

真诚是企业打造"以客户为中心"的价值链、保持线上线下的高度一致的唯一准则。具备互联网思维的企业领导者会诚实地评价自我，具有无与伦比的正直品质。谦逊是真诚领导者的特征，也能创造出积极的、有吸引力的能量。消费者、员工和媒体都愿意帮助一个真诚的人取得成功。在过去，个人的公众形象和个人形象是有所区分的，但社会性的互联网模糊了这一界线。深得人心的领导者在互联网上是坦诚的，他们将私人生活与职业生活融为一体。

如果有位员工偷了你1.7亿美元，你会怎么办？当我和贝尔福（BELFOR）的首席执行官谢尔登·耶伦（Sheldon Yellen）聊天的时候，他很明确地说公司的价值观也是他自己最真诚的想法，而且他"对错误很忠诚"，他相信人性本善。

他给我讲了一个非同寻常的故事，故事的主人公是他的一位员工，他从公司偷了一个游泳池。那位员工装了一个游泳池并开了公司的发票，还试图瞒天过海。谢尔登发现以后，立即给那个员工打电话让他第二天上午

10点整去机场。飞机降落以后,谢尔登递给了那位员工一个写着"抱歉"的信封,信封里面是25 000美元,还有一个说明,说明上写的是让他自己留17 000美元,然后把剩下的钱作为税金交给政府。谢尔登向那位员工解释说,这17 000美元是用来支付他从公司偷走的那个游泳池的。

"我感到十分抱歉,"谢尔登对他说,"如果你需要偷公司的钱,那一定是因为我去年没有给你足够的奖金。我要负全责。"那位员工很惊讶自己竟然没有被解雇,贝尔福的高层们也都觉得谢尔登疯了。"那件事发生在1995年,"谢尔登说,"那位员工现在还在我们公司,我相信他在贝尔福的每一天都能让公司变得更好。"

很多听说这个故事的人都和贝尔福的高层有同样的想法:谢尔登一定是疯了,才会给那个员工一张支票。对谢尔登来说,这只是他做人的一部分。"我就是我,我就是贝尔福,贝尔福就是我。"他解释道。但谢尔登并不是从一开始就对生活这么乐观积极。他在一个贫困家庭中长大,所以在那种艰难的环境下很难发现生活的美好。"我被生活的艰辛蒙蔽了双眼,"他说,"我在经济上越成功,看到的东西就越多。当我和贝尔福的同仁们站在一个房间里,我会看着他们,对他们说:'不要把你们的成就都归功于我,我只不过是站在了巨人的肩膀上。'"

贝尔福作为资产重建的公司现在每年的营业额超过了10亿美元,但谢尔登刚到公司的时候只有19名员工。"人们知道我是老板的女婿之后都很惊讶,"谢尔登说,"没有人愿意帮我。"为了证明自己对公司的价值,谢尔登很努力地想要赢得大家的信任,并积极学习业务。

谢尔登依然确信他应该是第一个到达办公室和最后一个离开办公室的人——其实贝尔福员工的工作时间很长,所以他每天早上6点钟就会到办公室,晚上7点半或8点才离开。为了让员工们知道他们对他的重要性,现在6 000多名员工每个人过生日的时候,谢尔登都会亲自给他们写生日贺卡。

为了使贝尔福形成正确的企业文化,谢尔登特别注重以身作则。"我

01
用户思维：打破企业与消费者的疆界，实现商业民主化

自己没做过的事情，就从来不会要求其他任何人这么去做，"谢尔登说，"我爬过屋顶，他们在梯子上搬过的东西我也搬过，我曾经在工地上两天没有合过眼，在沙滩上睡过，还在一次飓风中两天没有吃东西。"谢尔登相信贝尔福最大的财富就是它的员工，而且他发自内心地关心他们。"某个人的女儿生病时，我会感到心痛，我会去医院探望她；我会坐飞机跨越整个国家去参加葬礼。我这么做是因为我在乎他们。这有助于形成充满同情和激情的企业文化，也会给公司带来忠诚。"

谢尔登的这种颠覆传统的管理风格，使他比刚愎自用的竞争对手得到了更多的生意。贝尔福已经收购了82家企业，而且常常击败出价更高的竞争对手。谢尔登说这是因为他的潜在合作伙伴可以选择更多的钱，也可以选择一种家庭观念、忠诚感、同情心以及即使没有人在周围也要做正确的事的动力。大多数人都会选择后者。"我们的业务是依靠泽西岛的握手做大的。"谢尔登说。

图1—4 谢尔登的照片

资料来源：亚历克斯·戈特（Alex Gort）

保持高度一致

真诚意味着言行一致。在商业领域，真诚意味着加工流程与你描述的情况一致，意味着你要提供与描述中同样的产品和服务。工作头衔、口号和广告都是品牌的承诺，而这些承诺都是企业必须要向员工和消费者兑现的。就像没有人愿意和感觉"虚伪"的人建立联系一样，没有人愿意和看

似不真诚的公司做生意。

真诚是因人而异的，也是独一无二的，它不能复制，也不能伪装。它就是做最真实、最真诚的自己。你是顾客认为的那样吗？你相信自己的公司所代表的东西吗？你的员工相信吗？你的产品真的环保吗？或者只是商标上这么写写而已？

真诚的商界领袖的所作所为是对自己公司价值观的践行和强化。如果你宣扬把顾客放在第一位，那么你最好能保证说到做到。亚马逊的首席执行官杰夫·贝索斯很好地履行了这一承诺。他曾多次因降价甚至是劝阻顾客购买某些商品而损失短期利润。同样，美国西南航空的联合创始人赫布·凯莱赫（Herb Kelleher）也坚持"员工第一"的政策，他甚至在竞争对手已经裁掉了数万名员工的情况下仍拒绝裁员。

> 房利美的企业宗旨是"确保工薪家庭都能通过抵押贷款购买长期内可以付清的房屋，或者确保他们都能获得安全、有保障的租赁住房。"尽管房利美号称以帮助生活艰难的公众为目标，但在首席执行官弗兰克林·雷恩斯（Franklin Raines）任职期间，它却不得不接受劳苦大众的紧急援助。公司的工作表面上是"保持资金持续流向租赁住房"，但实际上它根本就无法处理公司内部需要负责的资金流转。公司里充斥着会计差错、高估收入和过高的奖金，房利美破产以后迫使纳税人支付了超过2 000亿美元的紧急援助，而且没能履行对客户的承诺。你还听说过其他哪些自相矛盾的企业宗旨？你认识多少说一套做一套的人？这就是典型的不真诚的表现。

商人需要践行他们的信仰，以此赢得有着相同价值观和信仰的顾客和员工的支持。如果你有了放弃自己核心价值观和身份认同的苗头，别人就会嘲笑和怀疑你的可信度，你就会变得不真诚。员工应该是团队中真诚的成员，信仰公司所代表的理念，并捍卫你的价值观。

01
用户思维：打破企业与消费者的疆界，实现商业民主化

星巴克相信，对于他们要建立有灵魂的公司的使命来说，最重要的就是始终追求完美的咖啡，永不停步。然而，星巴克的首席执行官霍华德·舒尔茨（Howard Schultz）曾经将持续增长和扩张看得比质量更重要，这使得顾客的体验大打折扣。为了实现创纪录的增长，公司做出了一些导致星巴克式体验缩水和品牌同化的决策（舒尔茨是这样认为的）。舒尔茨承认了这一点，并在公司的备忘录中为他犯下的错误公开道歉，他写道："我个人要负全责，但我们现在急需反思，急需意识到我们应立刻找回公司的精髓，应做出必要的改变，以此唤起我们都拥有的星巴克式体验的传统和激情。"

星巴克将芳香和舒适带回了它毫无生气的门店，也将重心重新转向了追求咖啡的质量。现在，星巴克恢复了其独特的顾客体验，公司也在问心无愧地不断发展壮大。星巴克通过惨痛的教训学到了真诚，这是一个清楚的教训：忠于自己的良心，从长远来看，这样会给公司带来更多的机遇。如果不能坚持真实的自己，你将面临的风险不仅是自我迷失，还有对公司力量的削弱。

做一家真诚的企业

可能有人觉得全食超市的联合创始人兼首席执行官约翰·麦基（John Mackey）是一个性格"古怪"的人，或者是一个"独立不羁"的人，不过他确实名副其实，这就是最真实的他。麦基的大学时光是在两所学校度过的：三一大学（Trinity University）和得州大学。在青年时期，他发掘自我潜力，研读哲学，并且做着"70年代早期人们所做的事"。为了追随他对另一种生活方式的兴趣，麦基搬到了一个素食主义者社区，他开始关心食物，尤其是纯天然食物和有机食物，很快，他意识到可以把这当做自己的事业。于是，在1978年，他向朋友和家人借了45 000美元，开了一家自己的小店，取名叫做"西夫尔韦"（SaferWay）。这个名字是北美最大的食品公司与药品零售商之一——西夫韦公司（SafeWay）开的一个玩笑。

当规模更大的纯天然食品店在全国涌现的时候，麦基说服克拉克斯维尔天然食品店（Clarksville Natural Grocery）的克雷格·韦勒（Craig Weller）和马克·斯基尔斯（Mark Skiles）将公司与西夫尔韦合并；到了1980年，第一家全食食品超市开始营业了。他们在奥斯汀又开了两家分店，之后将业务扩展到了休斯敦和达拉斯，然后还有新奥尔良和帕罗奥图。公司在全国范围内得到了迅速发展，现在已经有了304家门店，每年的收益达到了90亿美元。

全食超市是一个基于任务的公司。连锁零售店坚持7条核心价值观，这7条价值观都在公司的《独立宣言》中被列了出来，全是公平对待顾客、员工、投资商、供应商以及公众的健康、食品系统和环境的承诺。

全食食品超市公司的联合总裁沃尔特·罗布（Walter Robb）简单描述了公司的任务："第一，改变人类吃东西的方式；第二，营造一个以爱和尊重为基础的工作环境。"全食食品超市公司确实履行了第二个承诺：该公司频频在最好的工作环境榜单上名列前茅，而且有非常好的医疗和退休福利待遇。

2003年股东大会之后，动物权益保护者因为鸭子而发起抗议，这时公司重新审视了肉类采购流程。根据新的《全食食品超市公司纯天然肉制品质量标准》，为全食食品超市公司饲养的鸭子是禁止被虐待的。2005年1月，为了帮助食品制造商参与人道地饲养动物这一行动，全食食品超市公司创立了"动物爱心基金会"（Animal Compassion Foundation）。1999年5月，全食食品超市公司成为最早加入海洋管理委员会（Marine Stewardship Council）的美国公司之一，这个委员会是一个促进渔业可持续发展和负责任的捕鱼活动的国际组织。2006年，全食食品公司成为唯一一家风电税全额抵免能源消耗的财富500强企业；另外，2007年，该公司被评为全国第二大绿色电力购买者。

首席执行官约翰·麦基因其真诚的品质而为全食食品超市公司赢得了

01
用户思维：打破企业与消费者的疆界，实现商业民主化

成功，他的性格就是公司的特质，而公司也是麦基的体现。麦基反对公司高层有过高的收入，他每年只支付自己1美元的薪水，而且不允许全食食品超市公司的任何员工享受高于普通团队成员19倍的薪资。如果让麦基在全食食品超市公司取得巨大成功但人们的健康和饮食却很差，和全食食品超市公司破产但人们的健康水平得到极大提高这两种情况中二选一，他说他会选择后者。说到底，麦基也只是一个致力于发现自我的普通人而已。"很多人都希望我收敛一点，"麦基曾经这么说过，"我想这就是那么多政治家和首席执行官们如此无聊的原因，他们最后都是为了遵从某些虚假的、不真诚的生活方式而压抑了自己的个性。我宁愿做个真实的自己。"

做一个真诚的普通人

在人们眼中，真诚的商界领导只是最简单的普通人。他们会避免官方的演说，努力保持真实。沃伦·巴菲特被认为是20世纪最成功的投资者，但也有着独特的幽默感和绝对的真诚。从他写给股东的一封信中，我们可以看出他的性格以及做生意的方式。这封信深深地蕴涵了很多重要的经验和教训，不管是初出茅庐的新人还是已经功成名就的企业家，这些经验、教训都很适用。比如，巴菲特写道，领导者们无法承担纠结于过失和不幸而带来的后果：承认自己的错误，继续前进就是了。巴菲特的信向股东们讲述了因为他要求政府员工保险公司（GEICO）推出信用卡业务而造成4 400万美元损失的故事。

"值得强调的是，政府员工保险公司的经理们始终没有对我的想法产生兴趣，"巴菲特说，"他们曾给过我提醒，说我们非但得不到客户的青睐，还会得到不好的结果。我还旁敲侧击地暗示自己老当益壮、足智多谋，但不得不承认我确实年纪大了。"巴菲特完全可以把责任推到政府员工保险公司的头上，但他主动承担了自己的责任。巴菲特在致股东的信中畅所欲言，还加入了一些妙语趣话，比如他建议青少年同居，他说这是解决房地产市场崩溃

的极佳方案，而且会有很多人愿意这么做。但这封信中最引人注意的一点就是对巴菲特性格的清晰表露，就好像你和他坐在一起开会，他在潜心解释资金去向之前说了句"好吧，让我们赶紧结束这个无聊的话题吧"。他不会表现出一种过度正式的形象，相反，他以最真诚的语气写下了这封信。

归根结底，真诚要求人们像正常人一样活动。顾客希望感受到他们在和活生生的人打交道，而不是一台机器，或者是冰冷、无情的公司。要想得到顾客的热情接纳，你和你的公司都必须展示出人性化的一面，展现出真正的人格特点。从客户服务到客户推介，这一原则需要渗透到公司的方方面面。如果员工觉得你不够"真实"，那么他们就不会积极地响应你的号召；相反，他们会对你产生不信任感，甚至还会和公司解约。

政治领域充斥着虚伪和狡诈，这给候选人造成了巨大的损害。有大量事实证明，米特·罗姆尼（Mitt Romney）——这位颇有声望的共和党总统候选人，是个虚伪的人，他无法与同胞们建立联系。事实上，如果你在谷歌上搜索"虚伪的政客"，导出的结果中前3页全是有关罗姆尼的。如果罗姆尼在2012年的总统大选中失败，他那"不自然"的、虚伪的本性就是他落选的原因。

如果别人认为你是个真诚的普通人，那么你能得到的一大好处就是人们会接受最真实的你，也会更容易原谅你所犯的错误。金无足赤，人无完人，大家都明白这个道理，所以当人性化的商界领导或公司犯错误时，极有可能会得到人们的原谅。

真诚能带来信任，更能带来利润

如果所有事都是开诚布公的，那么其他人就不会觉得你在对他们隐瞒什么，也就没有理由害怕被骗或被误导。当企业及其领导者都很平易近人时，企业就会拥有众多消费者和员工粉丝，变得深得人心，从而加强了自己和员工及顾客之间的联系。当企业坦诚地面对消费者和内部员工的时候，

01
用户思维：打破企业与消费者的疆界，实现商业民主化

就能建立起信誉，也会得到别人的信任。

罗布·卡彭特（Rob Carpenter）是朋友礼品网（Friendgift）的首席执行官，这是一个朋友们可以一起购物的网站，而他将网站的成功归功于自己的真诚。有一次，朋友礼品网在竞争与万事达信用卡价值数百万美元的合作关系中赢得了这场竞争，成功完成了交易。正如罗布跟我讲的那样，他们成功的原因是"他们觉得我们更有人情味，所以更喜欢我们"。

罗布职业生涯的重心是在人道层面上与客户建立联系并产生共鸣。在客户推介会上，他不会使用幻灯片展示或者大讲商业术语，而是坐下来，与客户进行深入的交谈，以此来确定是否有愉快的相处。"人们可以感觉到你的真心和诚意，"罗布说，"当你有议事日程的时候，这是很明显的。"

人们会和自己了解、信任和喜欢的人做生意。要想赢得客户和顾客，你必须要深得人心，而要想深得人心，就必须能让他人与你产生共鸣，你必须要坦率。总之，你必须要真诚。

真诚与弱点

在很大程度上，真诚就是要允许自己受到伤害。不管什么人，在什么情况下，要去讨厌一个愿意暴露自己弱点的人都不是那么容易的。敞开心扉会让别人喜欢你，所以最重要的是摘下自己的面具，把你作为普通人的那一面展示给大家。普通人都会犯错误，也有弱点；普通人都会流泪（尽管有些人的眼泪比其他人都多），在这里我并不是要让你养成在董事会上号啕大哭的习惯，而是建议你通过情感的表达，将错误展现给大家并让别人知道什么事会激怒你，这样就能让别人意识到其实你与他们并没有太大不同。

恻隐之心，人皆有之；如果人们能够理解你，就可以相信你、尊重你、喜欢你并且倾听你的声音。要想成为具有互联网思维的商人并让你的公司也变得深受欢迎的话，你就要尽可能地去做一个普通人，这样你立刻就会

赢得他人的好感、深入人心，还能建立起与同胞、员工和顾客之间的联系。

杰夫·普尔弗（Jeff Pulver）是网络电话公司沃尼奇（Vonage）公司和"第140次会议"（#140conference）的创始人，他最近发表了一个名为"在互联网时代示弱"（Being Vulnerable in the Era of the Real-Time Web）的演讲。在演讲中，杰夫说展示弱点能找到一种与他人建立联系的方式。"我相信当我们回顾社交网络的发展历程时，"他说，"不会忘记我们首先都是普通人这一事实。我们有感情，而且，这种感情很重要。"不要害怕暴露自己的真情实感，可能它们就是你赢得人们好感的最强有力的工具。

美国全国广播公司的情景喜剧《办公室笑云》（The Office）第八季中有一集，敦德尔米福林（Dunder Mif.in）纸品公司斯克兰顿（Scranton）分公司的新老板内莉（Nellie）做事一直很拖拉、粗鲁，总之就是很不得人心。她强迫员工为自己举办一场欢迎会，于是员工们决定把这场欢迎会变成她的一段糟糕的经历，以此来表达他们的不满。然而，当一些员工发现了她过去的一些经历——她刚刚经历了被男友抛弃的痛苦，并听她哭着、饱含深情地回顾这个故事的时候，他们立刻对她产生了同情，感觉到了与她的息息相通，并为他们最初的残酷计划而感到后悔。这位老板在下属面前分享个人经历并展示出自己弱点的能力使她赢得了下属的尊重，也赢得了整个团队的爱戴。

示弱并不会让你变得脆弱或受到伤害，而是让你在与人交谈和自我表达的过程中开诚布公、不加掩饰。它意味着不要太在意别人看你的眼光，而要将那些造就你身份的事物都展示出来。

有人认为真人秀电视节目和现实刚好相反：人们扮演不同的角色，上演着虚构的情节，将现实黑白颠倒。纯天然食品厨师、作家、"窈窕淑女鸡尾酒"（Skinnygirl Cocktails）的创始人贝思妮·弗兰克尔（Bethenny Frankel）是一位真人秀电视节目明星，她用自己的真诚打破了这种偏见。她在精彩电视台（Bravo）推出了一档名为《灰姑娘贝思妮》（BethennyEver

01
用户思维：打破企业与消费者的疆界，实现商业民主化

After）的节目，在节目中贝思妮将自己的私人生活全方位地展示给观众。

她丝毫没有掩饰自己的弱点：她的工作强度，对完美的追求，对自己能力的怀疑，以及兼顾商人、母亲、妻子的角色时常常感到的愧疚，所有这些都表露无遗。贝思妮允许电视台播出她与老公的争吵，对过去所犯的错误和悲惨的童年也无比坦诚，她还经常会说自己受到了"伤害"，或者说她和老公的感情并不像所有人想象的那样完美。

或许有人会说贝思妮拥有与众不同的形象是因为她对突如其来的成功措手不及，而且根本不知道怎样才能做得更好，但事实上，坦诚和示弱对她事业的成功起了很大作用。她的品牌建立在纯粹的真诚之上：纯天然的原料，真实的女性形象，为帮助女性同胞而提出的诚恳的建议。

"窈窕淑女"是美国发展最迅速的烈性酒品牌，2011年以1.2亿美元的价格被比姆公司（Beam Inc.）收购以后，该品牌的价值增长了10倍，而比姆公司的销售额也实现了12%的增长。哦，对了，《灰姑娘贝思妮》节目的首映也创造了精彩电视台历史上的最高排名。

贝思妮也与观众和顾客之间产生了共鸣，对他们很信任，最新一季的栏目首映后，她在博客上这样写道："十分感谢大家昨晚观看了《灰姑娘贝思妮》。将自己最亲密、最隐私的生活细节分享给全世界不是一件容易的事，但我信任也热爱你们——我的粉丝们。你们激励了我，将自己的想法和梦想托付于我，使我明白百分之百的诚实和坦率是唯一的选择。"

要想与顾客建立起真正的联系，真诚是唯一的选择。

如何在互联网上做真实的自己

最近我在宾夕法尼亚大学沃顿商学院俱乐部（Wharton Club）向校友们发表了一篇演讲。听众们主要是小企业主和品牌经理，他们来参加这个会议的目的是希望学到更多在商业领域如何使用社交媒体的知识。在演讲

的过程中，有人问我关于设置不同用途的 Twitter 和 Facebook 网账号（个人账号和企业账号）的看法。很多人都纠结于这个问题，但我坚信在网上把个人生活和职业生活分开越来越有挑战性了。

网上的你就是现实生活中的你，反之亦然。没有必要设置不同的账号，因为"工作中的你"和"生活中的你"是完全相同的。或者说他们可以是完全相同的。否则，你就要处理分裂的人格和双重的生活，这是非常累人、非常没有必要的，也会让你变得效率低下。比如，你可以想象一下为了与生活中和工作中的不同朋友保持联系，你每天要登录和注销不同的 Facebook 账号，我认为这样做太难了。如果一直保持最真实的你，事情就会容易得多。

有些人喜欢在网上保持半私人的身份，小心谨慎地管理自己的网络形象，精心挑选哪些内容对哪些人开放。但那都不是他们的真实身份，只是他们戴的面具而已。

阿莉莎·利希特（Aliza Licht）是纽约唐娜·卡兰服装（Donna Karan）的全球沟通部高级副总裁，网上的她和现实生活中的她是完全一样的。阿莉莎在 Twitter 上有几十万名关注者，但仍然把每一个关注者都当作朋友看待，她会阅读每一条消息，并对大部分信息进行回复，而且一直坚持用自己的口吻。她将生活与工作坦诚地展示给大家，分享自己的照片和趣闻，而且直接从原创者的 Twitter 转发富有哲理的建议。她并没有将工作和个人生活分开，这种做法使得她成为公关领域的佼佼者，也使得纽约唐娜·卡兰加深了与顾客的联系，并赢得了他们的品牌忠诚度。

社交媒体为商界领袖们提供了一个展示真诚、赢得信誉的绝好机会。事实上，在近期的一项调查中，82% 的受访者称当一个品牌的高管和首席执行官使用社交媒体时，他们更有可能信任这个品牌。今天，相关的消费者会通过社交媒体决定公司的特征是什么（注意，我们特意使用"公司的特征"这一说法，而不是"公司的业务"，我们想表达的是公司的"性格特点"）

01
用户思维：打破企业与消费者的疆界，实现商业民主化

以及它们所代表的是什么。但仅仅出现在社交媒体上是不够的，你还要正确地使用这一渠道，而这要从真诚开始。

如果我面前有两个资质相同的应聘者，一个人有公开的 Facebook 账号，有全世界都能看到的醉酒照片，而另一个人的账号却设置了访问权限，那么我会选择有公开账号的那个人。真诚要求你乐意将最真实的自己展现给别人。

丹尼斯·克劳利（Dennis Crowley）是基于位置的社交网络 Foursquare 的联合创始人兼首席执行官，他是坦诚的典型代表。我的一位员工有次查看了他最喜欢的曼哈顿下东区八卦酒吧夜场，然后在发给丹尼斯·克劳利（@ Dens）的消息中向他大吼，要求他维修白天出现故障的 Foursquare 服务器。克劳利不仅回复了她，而且说他就住在那个区，推荐他的八卦团队查看其他几个酒吧，还给出了他的住址（如果你感兴趣的话，他家就在第 8 街第 2 大道附近）。与克劳利相比，大多数没有那么高成就的商界领袖们对于在网上分享自己的个人信息都会很谨慎。我当然不是建议你将社会保险号码在 Twitter 上公之于众，但克劳利对于信任和坦诚的诠释很有教育意义：当你将个人信息告诉他人时，你立刻就会变得大受欢迎。建立自己的网络形象时，一定要在网上展现出现实生活中的你，学会欣然接受工作与生活的融合，以及线上与线下的一致。

真诚 Likeable Business Why Today's Consumers Demand More and How Leaders Can Deliver

互联网思维启示录

当你在为公司争取社交媒体上的一席之地时，不要让自己变得太笨拙或者太商业化。请牢记这一点：你的社交账号不仅在和商业上的竞争对手争夺眼球，还在和你关注的朋友们暗中较劲！在社交渠道上，你的语言和语气越人性化、越真诚越好。

避免太过正式、单调地回复消息或帖子，记住要使

用普通人交谈的语气——对话式的、简短的、温馨的，也就是朋友聊天的方式。在社交媒体上加入有个人色彩的内容，比如幽默和个人趣事。

请记住，你的品牌不仅仅是一个商标。你可以考虑借鉴康卡斯特公司的经验。在"康卡斯特关注"的Twitter账号上，最醒目的就是主页上团队成员比尔·格特（Bill Gerth）的照片，还有一句个人说明：我的名字叫比尔·格特，也叫康卡斯特的比尔（@comcastbill）。在这里，我们要为顾客做正确的事。"

让你的粉丝和收听者知道，在他们电脑屏幕的另一端还有一群真实的人们。你可以考虑在消息、Facebook帖子和其他社交网站的帖子上签上自己的名字，或者是昵称，这样也能显得更加真实，能让收听者感受到他们是真的在了解你这个人，而不仅仅是你的公司。

行动清单

1. 评估公司、员工以及你自己的行为：公司的方方面面能"说到做到"吗？都能诠释你的个人品牌吗？
2. 对你在工作中的性格展示进行一次测评。你上次跟同事或客户讲个人趣事是什么时候？你上次在公司里暴露自己的弱点是什么时候？
3. 取消你的社交网站资料的访问限制。回顾一下你有多坦诚、多富于表达。这是"真实的你"吗？
4. 把职业生涯的重点放在建立个人联系上。下次召开公司会议时，不要使用幻灯片了，试着与大家进行一次简单、坦诚的交谈。

01
用户思维：打破企业与消费者的疆界，实现商业民主化

真诚之道

虚伪是一件很麻烦、很低效的事，最终也会是一桩亏本生意。因为移动互联网的本质特点，也因为所有事情都是公开的、都会传播开来，所以人们需要确认与自己交谈的人是坦率的、"真实的"。要想帮助你自己和你的公司建立信誉，最好的方法就是做个普通人，变得平易近人。或许对于商界领袖，尤其是对于男性领袖来说，向人示弱是一件很困难的事，但团队和顾客肯定会积极回应你的脆弱的。

就像在小学里交到新朋友时，妈妈告诉你的："做自己就好。"

Likeable Business
Why Today's Consumers Demand More and How Leaders Can Deliver

02 | 简约思维
从产品到服务,力求专注与简单

> 少不是多,刚好才是多。
> 米尔顿·格拉泽(Milton Glaser)

法则 4　简单：让消费者的生活简约到极致

简约思维意味着企业在产品规划和品牌定位上，要力求专注、简单，在产品设计上，要力求简洁、简约。随着互联网时代的信息爆炸，消费者的选择太多，而选择时间又太短。为此，企业该如何在短时间内抓住消费者的心，才能从互联网的竞争中脱颖而出呢？

乔尔·加斯科因（Joel Gascoigne）是 Twitter 的超级粉丝，但他遇到了一个问题：他觉得要想连续发表和分享找到的所有好文章是很困难的。他测试了各种各样的时间安排工具，但它们只是把事情变得更复杂了：你必须挑出日期和时间，调整安排，而且通常情况下，还要处理比以前更麻烦的事情。他想要一种简单又高效的东西，所以乔尔想："好吧，我自己来设计一个在 Twitter 上进行分享的更好的方法吧。"他确实那么做了。

缓冲器（Buffer）这一应用可以为用户的账号加入文字和多媒体，然后每天自动发布，这样就能使用户轻松有效地在社交媒体上分享帖子。它解决了消费者的一个问题——轻松分享，而且只关注这一个问题。社交媒体仪表盘上没有典型的分享流或其他特征。"有很多优秀的解决方案，"缓冲器的社区和新闻部领导李奥·德里奇（Leo Widrich）告诉我说，"我们挑选了一个真正需要改进的地方，而且只关注那一点。"

这一应用是直观的。2010 年 12 月，缓冲器发布三天之后，人们就开始购买，有力地证明了用户发现了它的用处。缓冲器只需大约一分钟的时

02
简约思维：从产品到服务，力求专注与简单

间就能上手。这个极低的门槛确保了公司的新用户流入，以及消费者的简单用户体验。

如此直接的工具也使得公司本身更加专注。如果你的产品有 10 个主要功能，那么你可能无法准确说出哪一个功能解决了顾客最大的问题，因此也无法说出哪个是最有价值的功能。缓冲器仅仅只关注一个功能，因此能够更好地了解顾客，并且对其提供的解决方法进行优化，然后公司便可以专注于这个核心功能设计简单的价格策略，并在更新时向顾客提供可能想要的附加功能。"永远不要脱离这一关注点，"李奥说，"这是我们能让缓冲器同时保持极其简单、直观和有用的关键。"通过其对简单的关注，缓冲器已经发展了 17 万名用户，而且继续保持着每月 30% 的增长率（见图 2—1）。

图 2—1　团队保持着缓冲器的简单
资料来源：李奥·德里奇

商界人士又能从上述缓冲器的例子中学到些什么呢？那就是找到你能为消费者解决的最大问题，然后去除对解决那一问题没有任何帮助的因素。

不要在简单的解决方案中肆意增添乱七八糟的附加项目，而是要提供一种直观、以顾客为关注的产品或服务，去简化它们，而不是去将消费者的生活复杂化。

为什么简单很有用

从低等的阿米巴变形虫开始，每一种生物体天生都倾向于寻找所有问题的最简单解决方法，寻找从一点到另一点的最简单途径。哈佛大学的一位学生设计了一个实验来判定人们是否会从对一件事情复杂的解释中选择最简单的那个，结果显示测试者一直都倾向于更简单的解释。人类倾向于追求简单。

了解人类的本性对于确保顾客满意是至关重要的。在一个淹没在饱和的产品种类、充斥着广告和连续媒体流的环境中，简单就是竞争优势。事实上，《营销周刊》（Marketing Week）的一份最新调查显示，消费者有87%的可能性会给朋友推荐他们认为简单的品牌，而不是复杂的品牌。在消费者因为每天从企业和媒体得到的产品、消息和信息而感到茫然和迷惑的时代，复杂性带来的危害是极大的。

《哈佛商业评论》重点报道的一项研究概括出了"抉择简单指数"的概念，这是判断消费者收集并了解一个品牌信息容易程度的标准。这项研究揭示了三个关键因素：导航（收集信息的容易度）、信任（信息的可信度）和对比（权衡选择的容易度）。你让消费者的选择变得越轻松，他们就越有可能选择你。如果你提供的不是最简单的解决方案，那么你肯定会在消费者决策的过程中遭到淘汰。

2012年夏天去雅虎之前，玛丽莎·梅耶尔是谷歌消费网站产品的负责人，也是公司简单化的英雄。她明白公司通过利用人类对简单的渴望取得了很大成功。"谷歌拥有像真正复杂的瑞士军刀那样的功能，"她说，"但公司的主页是军刀合着时候的样子。简单、优雅，你可以把它装在兜里，

02
简约思维：从产品到服务，力求专注与简单

但当你需要它的时候它就会有了不起的装置。我们的很多竞争对手就像打开的瑞士军刀——那会很吓人，而且有时候会具有杀伤力。"正是谷歌简单的设计使得这个行业巨头占据了搜索市场绝大多数份额。

谷歌掌握了简单的方法，因为它了解用户行为以及他们与产品互动的方式。当涉及技术的时候，消费者追求的最重要的东西就是使用的容易度。谷歌深谙这一点。梅耶尔说："谷歌的主页在你需要的时候给你想要的东西，而不是在你不想要的时候给你可能需要的所有东西。"消费者不想要他们可能需要的所有东西，他们只想要当下最需要的东西，仅此而已。

罗恩·阿什科纳斯（Ron Ashkenas）是谢弗咨询公司（Schaffer Consulting）的管理合伙人，以及《通用电气模式》（*The GE Work-Out*）和《无边界组织》（*The Boundaryless Organization*）的合著者，他讲述了1989年在通用电气咨询团队的时光。这个团队是由首席执行官杰克·韦尔奇组建的，目的是把行动缓慢、深陷官僚主义泥沼的公司变得快速、灵活起来。这个团队建立了"通用电气解决过程"，而"简单"就是其中最关键的目标。

在韦尔奇看来，速度和简单是紧密相关的，这两者都对公司的成功至关重要。为了更加快速地运作，更加积极地对顾客和市场进行回应，通用电气公司必须减少实现目标的步骤，并且让所有员工更加轻松地了解公司的流程。最后，通用公司的简单化变得不仅仅是流程的精简了——它成了公司的文化。也许不断思考如何变得更简单以及在各个层面欣然接受简单显得有些激进，但这为通用电气公司创造了奇迹，它也能为你创造奇迹。要想成功实现简单化，你就不能仅仅把它当作营销或组织策略，还要把它当作涉及公司各个方面的核心价值和理念。

提到简单，就不能不提苹果公司。这个品牌本身就代表着简单，这是它的核心价值观之一："我们相信简单，而不是复杂。"从产品到运作、再到广告宣传，公司的各个方面都在谈论着简单（也是这么简单地工作的）。

看看苹果手机就知道了，只有一个按钮，"主页"键（见图2—2）。为什么只有一个键呢？因为那是手机最简单的设计。苹果手机的设计没有过多的想法，苹果的所有产品都是这样。

图2—2　简单的典型代表苹果手机

资料来源：克里夫·塞巴斯蒂安

简单需要你清楚地了解自己公司的特点，还要把这些信息传递给其他人。顾客对你的理解是他们信任你的决定因素之一。对于小型企业来说，了解自己应该不是难事，但是随着公司规模的扩大，迷失自我的可能性也在增加。不过一些大型的公司，比如苹果公司，仍可以准确说出他们的品牌核心，他们的价值观，以及他们所代表的东西。当我们提出问题的时候，想要的不是模棱两可、困难重重、充满错误的回应，我们想要的是直截了当的答案。我们对公司也有着同样的期待。消费者需要清楚地了解你是谁，你做什么，你的产品或服务是什么，他们不要疑惑，也不要多余的干扰。

02
简约思维：从产品到服务，力求专注与简单

苹果公司没有将随身播放器介绍为"有着5千兆字节驱动的6.5盎司重音乐播放器"，而是把它描述为"你口袋里的1 000首歌"。这是消费者之间互相交流的方式，所以也是苹果公司和消费者交流的方式。苹果的前任广告代理艺术总监肯·西格尔（Ken Segall）说："普通人的语言就是我们要的简单。"这意味着清晰的交流，以及在谈话中使用简单的、普通人的语言。

苹果公司将自己塑造为"一小群聪明的人"，这家大公司的做事风格就像初创企业一样。"我们是这个星球上最大的初创企业，"史蒂夫·乔布斯曾说过，"我不知道为什么在发展的过程中你们要作出改变。"我知道。随着公司的发展，流程变得复杂了，公司里时常会有大量（有时）聪明的人，于是简单的行为变得愈发难以保持。所以在成为世界500强公司的过程中，如何才能保持初创企业那样的思考方式呢？你要坚定地保守承诺。

史蒂夫·乔布斯就是这样的。在《疯狂的简洁》（*Insanely Simple: The Obsession That Drives Apple's Success*）一书中，肯·西格尔详细描述了乔布斯将一位女士赶出会议室的经过。

> "他冷冷地停下来，盯着房间里一个看起来不太对劲的对方。他指着洛丽（Lorrie）说：'你是谁？'在她回答之后，乔布斯又简单而明确地说道：'我觉得这场会议不需要你，洛丽，谢谢。'"为什么他要把她赶出去呢？就是因为不需要她。

当然，简单并不一定要粗鲁或恶毒，但事实是，公司里的每一个人都应该有价值、有存在的必要，一场会议中的每个人也应如此。每个人都必须有存在的意义。

正如史蒂夫·乔布斯所证明的，简单不是一件可以强加给公司的事，它需要有人去引导，并坚定地为之奋斗。这个人不一定要是首席执行官，但一定要有这么一个人。而且简单必须要一贯地执行下去，直到它成为公

司本身的一部分。要想实现简单，必须有坚持使命并禁止他人把简单的事情复杂化的决心。坦诚地讲，简单必须是奋斗得来的。

但它真的值得每一家企业这么做。

2012年第一季度，与竞争对手相比，苹果公司的盈利额证明了简单的力量。苹果463.3亿美元的季度收入打败了谷歌，是微软的两倍，而且据《华尔街日报》的斯科特·奥斯汀（Scott Austin）所说，这一收入超过了105个国家的国内生产总值。在第一季度，苹果公司售出了520万台笔记本电脑，在这个日渐衰落的市场，这代表了26%的增长率。

简单推动苹果公司创造了这些产品，也促成了产生这些令人震惊的商业成果所必须的行为。

简单能让人们更加轻松地帮助你

当我有幸与企业家组织的创始人、《掌握洛克菲勒的习惯》一书的作者维恩·哈尼什进行交谈的时候，我们谈到了简单这一法则。刚开始，维恩没完全理解我所说的简单的意义何在，尤其是对于传统企业，互联网和应用设计方面的简单对他们来说没多大关系。

然后他说："我告诉你一件事：你对人们的要求越简单，人们就越能轻松地帮助你。"

维恩的这句话让我豁然开朗。之前几个月，我一直忙于成立一个真正强大的咨询委员会，他们是经验丰富的专家，我和妻子在发展公司的过程中可以向他们求教。但在第一次会议中，我不确定是否实现了那些目标。我期待着这些重量级人物给出不间断的想法、推荐和帮助，但我分享了太多，要求的太多，关注点也太多。

这么多关注点使我失去了重心。在咨询委员会会议之后的跟进中，我通过电子邮件向他们提出了一个简单的请求："您能在我们即将举行的'深得人心的你'会议上发言吗？或者您能推荐什么人吗？"11个人全都立刻

02
简约思维：从产品到服务，力求专注与简单

回复了我，并向我提供了帮助。

找到专注于少数的竞争力

简化复杂的事物并不像一开始就保持简单那么容易，但那也不是不可能完成的。联合利华的例子很好地体现了简约的力量和可能性。20 世纪下半叶完成并购之后，联合利华公司一度变得膨胀，在其产品组合中拥有超过 1 200 个品牌。联合利华公司不得不忍受着巨大的规模和经营范围带来的负面影响：高级管理层很难专注于某一点，后勤部门行动缓慢、效率低下，决策制定也变得非常复杂。

于是公司制订了一个大胆的计划：减少品牌组合，同时增加收入和利润。为了实施计划，联合利华确定了一小部分有着最大发展潜力的品牌，然后把精力和策略全都集中在那些精华上面。尽管这看起来滑稽得令人难以置信，但联合利华确实成功地减少了高达 75% 的品牌数，同时还提高了销量。开始对表现不好的公司部门、无关的品牌策略和没有价值的产品功能说不吧，并着手优化那些切实可行的品牌。专注于少数核心的竞争力，忘掉其他的。

对于简单来说，专注是很重要的。苹果公司最大的优势之一就是目标的单纯性，公司只专注于做得好的产品，拒绝被其他的事情分心。苹果公司并不热衷于取悦所有人。

正如史蒂夫·乔布斯曾经说过的一样："人们以为专注的意思就是接受你必须关注的东西，但那完全不是专注的意思。专注意味着要拒绝其他上百个优秀的想法，你必须很仔细地挑选。对于我们没有做的那些事情，我真的像对已经做的那些事一样感到骄傲。创新就是拒绝数千件事。"

事实上，简化苹果公司的生产线曾经挽救了这个公司。1997 年回归苹果之后，史蒂夫·乔布斯检查了公司复杂的生产线，他发现当时公司充满了大量选择，于是设计了一个简单的图表，这代表着一个新的产品策略。

那个表中有四个象限：为消费者设计的笔记本电脑，为专业人士设计的笔记本电脑，为消费者设计的台式电脑，为专业人士设计的台式电脑。就这么简单。利用这张表，史蒂夫·乔布斯重新调整了苹果公司的关注点，并且最终为公司节省了数百万美元。

对于企业来说，努力成为每个人都了解的品牌、抓住每一个业务机会是很有诱惑力的。然而，成功往往来自于选择一件事来做，并且把那件事情做到极致，成为行业里最好的。苹果公司之所以能建立起如此庞大的忠实粉丝群，不是因为它可以制造的产品，而是因为它决定制造的产品。正如史蒂夫·乔布斯曾经意味深长地讲的："抛开那些蹩脚的东西，专注于那些好的东西。"

简单价值 10 亿美元

Instagram 网为我们提供了另一个极好的例子来证明简单的价值。在过去的一年里，Instagram 网吸引了 8 000 多万名用户、10 亿张上传的图片和 5 000 万美元的投资，其中包括 Twitter 的创始人杰克·多尔西的投资。Instagram 网能成功是因为它只让用户做一件简单的事：分享照片。而且即使在公司规模得到发展的情况下，它仍能把这件事做得毫无缺陷。"Instagram 网最大的特点就是它很有效。"联合创始人凯文·希斯特罗姆（Kevin Systrom）说，"我们对于扩大规模一直都很小心。使用单一平台承载 150 万用户是其他任何社交移动公司都做不到的事情。也有很多拥有这么大规模的其他公司，但他们都使用了多个平台。我们看到了一个擅长一件事的机会，事实证明那帮了我们。"

2012 年 4 月，Instagram 网的理念带来了回报，他们得到了与 Facebook 的一份总计 10 亿美元的业务。Facebook 的用户体验被《纽约杂志》描述为"一辆纽约警局的警车撞进了宜家家居城，永远都是产品乱成一团，却想深入你生活的方方面面"。Facebook 提供了无数的功能和产品，就像

02
简约思维：从产品到服务，力求专注与简单

乔布斯回归之前苹果公司零散的生产线一样，所以这个社交网站巨头买下了一家只做一件事但把这件事做到了极致的公司，目的是更好地解决用户的需求。如果Instagram网做得没有这么好，如果它不是只有一款产品，它也许永远都不会被Facebook看上。

不要像一个决定了去说唱，然后又推出时装系列和香水，还顺带做模特的演员一样。找出你最擅长的那件事，然后专注于此。没有极细的目标，你会削弱自己的使命，还会阻碍自己的成功。正如美国全国广播公司《公园和娱乐场所》（*Parks and Recreation*）节目中的罗恩·斯旺森（Ron Swanson）对同事的建议一样："永远不要一心二用，要一心一意。"

在公司成立的前几年，我们努力为太多的人做太多的事。我们是"为大大小小的公司、组织和政府部门提供全方位服务的社交媒体杠杆和口碑式营销公司"，甚至连公司介绍都那么复杂。我们缺乏清晰和简单的目标，这导致了专注的减少，也使我们失去了一批想要更多服务或是与我们有着不同期待的潜在顾客和现有顾客。我们所做的事和没做的事常常令现有顾客、潜在顾客甚至员工感到迷惑。

为了保持头脑清醒，我们必须进行简化。我们思考为哪些人做了哪些最擅长的事，然后进行重新启动，这次，我们专注于大品牌的社交内容创建和社区管理。当时我们很担心缩小后的关注点和简单会疏远那些期待"全方位服务"的客户，但事实是，几乎所有人都很欣赏我们对最擅长的事的诚实——还有不擅长的事。新的简化政策为我们拒绝了一些业务，但同样也带来了内部以及外部更清晰的关注点，使公司得以持续快速发展。

当我们为小型企业启动本地众爱平台的时候，每一个开发者都想加入一个又一个功能来使这个平台更加有用、更加综合。但重点是，综合常常是与简单不相符的，而人们追求的是简单。因此，我们抵抗住了所有附加的功能和好处，为小型企业建立了一个只包含基础服务的社交媒体营销平

台：Facebook 内容、应用和广告。我担心这不够用吗？当然非常惶恐。但我宁愿简单地开始，然后再加入其他东西，也不愿看到太过复杂的开始导致人们难以理解，并且放弃尝试。

你不可能为所有人做所有的事

黑莓手机曾经一度很受商业人士欢迎，部分原因是它对安全的承诺。然而随着消费市场对智能手机的偏爱，黑莓的生产商动态研究公司想要多分一杯羹，于是把产品同时定位为消费品和商业品。这一转变最后使公司走上了歧途。黑莓在与更受追捧、以消费者为中心的苹果和安卓系统手机的竞争中失败了，制造苹果平板电脑竞争者的努力也遭遇了惨败。

2011 年 12 月，黑莓的平板机（PlayBook）是以低于成本价的价格销售的。

2012 年 3 月，在季度成果令华尔街大失所望之后，公司宣布将精力重新集中到原先的关注点。"我们相信如果努力成为所有人的挚爱，努力为所有人做所有事，那么黑莓是不会成功的，"首席执行官索斯藤·海因斯（Thorsten Heins）说，"因此，我们计划巩固自己的优势。"

2012 年第一季度，动态研究公司宣称公司的净损失是 1.25 亿美元，或者每股损失 24%，与上年 9.34 亿美元的盈利相比，每股缩水了 1.78 美元。当分析人士都期望 450 亿美元的收入时，公司的收入从 560 亿美元跌落至 420 亿美元。

海因斯总结道："我们自己无法做所有事，但我们可以做我们擅长的事。"

如果你试图解决所有的问题、服务所有的市场、利用每一个商机，你就会失去关注点，失去对自身的认识，最终也会输给竞争对手。坚持你所擅长的事。

02
简约思维：从产品到服务，力求专注与简单

保持简单的愚蠢

"保持简单的愚蠢"这句格言是洛克希德·马丁公司（Lockheed Martin）的一位首席工程师说的，他在一群设计工程师面前拿出少数几件工具，并抛给他们一个挑战：一架喷气式飞机必须在以下条件中修好：（1）一位行业里水平一般的修理师；（2）在战斗的环境中；（3）只有这些工具。"愚蠢"不是指工程师（就像"保持简单，笨蛋"），而是指事情出错的方式和可用的修理工具之间的关系（就像"保持简单的愚蠢"）。对于公司的任何方面，都不要想太多。解决任何商业问题的工具都应该是可以利用的，它们很简单，而解决方式也必须是这样的。

直觉软件公司开发小型企业会计软件包的时候，开发者意识到绝大多数小型企业主都对会计术语感到迷惑和惶恐。于是他们决定把"应收账款"称为"收入"，把"应付账款"称为"支出"。因为它的开发者从顾客的角度开发了一款产品，所以直觉软件公司在第一年就售出了 10 万份软件。坚持最基础的东西，保持简单的愚蠢。

简单
Likeable Business
Why Today's Consumers Demand More and How Leaders Can Deliver

互联网思维启示录

并不是每一个社交媒体渠道都适合你和你的关注者。公司接触社交网络的时候，往往会变得过于兴奋，但事实是，通常情况下一两个社交网络就足够了，尤其是当你刚刚开始，还不完全了解顾客把时间花费在哪些社交网络上的时候。让你的社交媒体营销计划保持简单！如果关注者主要使用的是 Facebook 和 LinkedIn，那么你就没有必要申请 Google+ 或是 Twitter 的账号了。将社交运动融入你的营销和顾客的生活中，但不要让它们变得过于复杂。我们也可以从包括世界上最受欢迎的社交工具内在的简单设计中学到很多，Twitter、Instagram网、问答网站(Quora)、图片兴趣都极其简单。所以当你为公司设计Facebook应用程序、在线问答平台或者任何专利社交工具的时候，保持简单！它能够运作，能够增加价值就行。那才是顾客真正想要的。一旦你做到了专注于简单，那么你便可以创造奇迹！

行动清单

1. 写下公司的核心价值观。你要保证能够向员工和顾客用最简单的话说出自己公司的特征。

2. 尽可能用简单的形式写下你的工作，不要超过140个字。这就是你应该向关注者表达自己的简单方式。

3. 找出你最擅长的事。首先问问顾客和员工他们最喜欢你们公司的哪个方面，然后专注于那件事。

4. 不管在哪个方面，用"简单的理由"鞭策公司。问问自己："什么是必要的？我们可以抛开哪些东西？我们怎么才能把这变得更简单？"

5. 在公司发起一场有关简单的运动。谁是你们公司的玛丽莎·梅耶尔或史蒂夫·乔布斯？如果你们没有那个人物，你就担当起那个角色吧。

6. 让简单成为企业文化的一部分。否则，它就会变得低效，只是为了作秀，而不是企业真正的价值观。

02
简约思维：从产品到服务，力求专注与简单

简单之道

从本质上来说，简单的意思就是做个普通人。你永远也不能忘记最基本的东西，不能偏离人性的层面。如果不能完全了解人类的行为，你就无法掌握简单的真谛。公司必须倾听顾客，然后创造直观、方便使用的产品和服务，这些产品和服务将会满足他们的需要（仅此而已）。

Likeable Business
Why Today's Consumers Demand More and How Leaders Can Deliver

03 | 迭代思维
敏捷适应，力求做到精益求精

> 当你停止改变的时候，你这个人也要完了。
>
> 本·富兰克林

法则 5　快速迭代：从细微处着手，快速适应互联网的变化

迭代思维意味着企业必须实时并及时地关注消费者的需求，对消费者的需求变化做出快速反应，从消费者的细微需求入手，以人为核心、循序渐进地在持续迭代中不断完善产品与服务，让企业的适应性更加敏捷，才能在互联网时代不被淘汰，找到属于自己的一席之地。

当你走进福特汽车公司（Ford）首席执行官艾伦·穆拉利（Alan Mulally）的办公室时，你的眼球一定会立刻被墙上的一幅水彩画吸引过去。这幅水彩画（见图3—1）描绘的是一对年轻的夫妇眺望着远处的一排汽车，而画的背景则是福特的工厂。画上还有一行标语："为全人类开通高速公路。"那便是亨利·福特的使命：让每一个需要的人都能买到负担得起的汽车。在经历了将近一个世纪的经营之后，福特仍然保持着最初的愿景。

当然，对这一愿景的执行有了很大的改变。今天，它的意思是所有人都负担得起的燃油效率和车载技术。2006年，公司不得不对自己在行业中的位置进行实事求是的反思。艾伦作出了一个大胆的决定：抵押福特的所有资产，并将230亿美元贷款全部投入产品研发部门。他知道，要想成功，公司就必须制造出在燃油效率方面达到顶级的汽车，而且不管付出多大的代价，他都会坚定地做下去。福特不计风险、在充分考虑当前市场和消费需求的前提下改变愿景的做法，最终挽救了公司，使公司免于紧急援救，

03
迭代思维：敏捷适应，力求做到精益求精

也获得了 27 亿美元的利润。

图 3—1　福特汽车从未忘记最初的愿景

资料来源：斯科特·蒙蒂（Scott Monty）

20 年前，福特"探索者"的问世开启了 SUV 车型的历史。2010 年，公司再次推出了这款标志性的汽车，并对车的外观设计和性能进行了改进。

斯科特·蒙蒂是福特公司社交媒体的全球负责人，他告诉我说："因为改造了这款车，所以我们必须也要改变将它展示给公众的方式。"

过去，新车都是在汽车展上发布的，但福特公司决定在八个城市同时发布新款"探索者"，并在 Facebook 上向粉丝提供独家的提前通知。从广播媒体到数字化整合，所有的通讯工作都集中在了新车的发布上。2010 年 7 月 26 日，福特公司终于在免费的、自有的、付费的媒体上一起揭开了新款"探索者"的面纱，这一举措产生了令人难以置信的效果。福特公司最终通过社交媒体将信息发布给了 9 900 万人，在网上也使 4 亿人看到了新车发布的消息，公司主页的浏览量达到了 50 万次，这与平时的 1 万次形

成了鲜明的对比。公司推算他们的营销手段产生了比购买超级碗广告还要大的影响力。福特"探索者"成为 Twitter 上的第一大热门话题，在谷歌上也是排名第二的热门话题，仅次于大明星琳赛·洛翰（Lindsay Lohan）近期在康复中心的戒毒治疗。

福特公司是第一家通过 Twitter 网发布新车的汽车制造商，而且因为其适应市场变化的能力，公司收获了可喜的成果，比他们通过传统汽车展上的媒体发布会得到的结果好得多：销售量比上一年增长了 100%。"目光短浅是很容易的，"斯科特说，"在行业泡沫中生存也是很容易的。"但如果你能跳出产业的局限来思考问题，就能对不断变化的消费者行为作出积极的应对，这便能产生良好的结果。有了之前适应路况的创新技术，重新设计的"探索者"就是适应能力的典型代表。我们也可以这样来形容福特公司。

尽管福特公司拥有 20 万名员工，但公司在结构上保证了自身对变化的开放和接纳。每一个团队成员都随身带着一张卡片，上面有福特公司的四项准则，其中就包括在瞬息万变的市场环境下保证公司"积极重组"的策略。为了使福特公司保持创新的能力，员工必须充满勇气，并对改变持欢迎态度。以修补匠起家的亨利·福特为公司的 DNA 注入了创新和适应的动力，直到今天，福特公司的每一位团队成员仍在将那种精神发扬光大。

适应顾客千变万化的需求

企业规模越大，就可能越难进行适应。但好消息是，有可能你的企业并没有福特公司那么大的规模。即使你的企业和福特公司一样大，我们这里还有另一个懂得如何适应的大公司的例子。

沃尔玛是建立在向消费者提供最公道的价格的承诺上的。然而，近些年，这家零售业巨头与其竞争对手之间的价格差急剧减小。公司知道它需要有一个全新的突破，它正在沃尔玛实验室寻找答案。

尽管沃尔玛是世界上最大的零售商，却不是电子商务中最大的玩家，

03
迭代思维：敏捷适应，力求做到精益求精

电子商务中最大玩家则是亚马逊。沃尔玛知道它需要了解变化中的消费者行为和数字化市场。沃尔玛实验室的成立是为了确保沃尔玛走在电子商务2.0的最前列，这样公司就可以对零售业的未来进行界定，而不是要追随别人的脚步。

沃尔玛实验室最初负责2011年4月沃尔玛对科斯梅克斯（Kosmix）的收购，这家新兴的科技公司之前为亚马逊设计了丛林（Junglee），并在后来成为亚马逊的第三方供货商，而第三方供货商能带来很大一部分电子商务销售量。另外，还出现了一些专门用于电子商务的想法和小型项目，以及长期的社交媒体策略，这些都促使沃尔玛不断创新，并始终引领消费趋势。沃尔玛实验室使得这家零售业巨头升级了官网（Walmart.com）上的产品推荐，使其能够利用购物者的智能手机作为营销渠道，并倾听特定地理位置附近的社交媒体上人们的对话，以此来确定每个门店应储备什么货物。

2011年，沃尔玛的网上购物增长率远远超过了同行业的平均水平。公司意识到跟上变化无常的环境的脚步有多么重要，并通过不断地适应，战胜了精通高科技、又爱讨价还价的购物者对其主导地位的威胁。

一个具有适应能力的公司能够满足顾客千变万化的需求。顾客不会停滞不前，同样，公司也不能一成不变。在动态的环境中，你无法指望可以止步不前，也不可能固守公司最初的产品和所提供的服务。如果不能对消费者新的需求保持开放的心态，那么你不仅会失去发展业务的机会，还会失去潜在的顾客以及销售量。

适应无止境

威尔·柯伦（Will Curran）是无尽娱乐公司（Endless Entertainment）的老板兼董事长，他所经营的是一家青少年娱乐公司。他不厌其烦地满足客户的需求，即便是他们的要求超出了"正常范围"。无尽娱乐公司提供

的是为客户定制的打包服务,而不是千篇一律的东西。他们的理念是:每一个人都是不同的,所以每一场活动也应该是不同的。

我们必须承认,每一家活动策划公司都会征询顾客的意见。但真正使威尔和他在无尽娱乐公司的团队脱颖而出的,是他们愿意尝试所有事情的态度。比如,他告诉我,有一次公司要为一个高中的毕业舞会制订活动计划,威尔详细列出了他们可以提供的所有服务,然后那位客户说:"我们可以要一个活生生的老虎吗?"威尔毫不犹豫地回答道:"当然可以。"如果没有客户需要的某些装备,他就会出去买,哪怕仅仅是为了一个活动。

无尽娱乐公司团队主办由托斯蒂多滋节日杯(Tostitos Fiesta Bowl)赞助的新年庆祝的时候,这个团队制作了一个船形的球面镜子"降落"到人群中间。这在威尔的服务清单里面吗?当然不在,但这并不能阻止他迎接挑战,并拓展公司的能力。"不要困在思维的局限里,"威尔说,"要打破这个局限。"

另外,无尽娱乐公司还打破了之前的预期。威尔坚定不移地为顾客找到解决方案的决心,使得无尽娱乐公司被《公司》杂志评为"最棒的大学生创业项目",也为他赢得了企业家组织赫赫有名的"加速器"项目的入场券。这个项目的目的是将公司25万美元的营业额在3年内提升至100万美元。

进行有支点的互联网转型

对公司进行改变并不需要彻底转变公司的理想,也不需要放弃最初的使命。实际上,适应性所需要的恰恰相反:不是完全崭新的道路,也不是巨大的飞跃,而只是一个简单的支点。

在《精益创业》(The Lean Startup)一书中,埃里克·里斯(Eric Ries)将转型描述为在坚定某一理念的同时改变方向的能力。与战略上愚蠢的冒险跳跃相反,有支点的转型会以先前的宝贵经验为杠杆。如果 Twitter 没有

03
迭代思维：敏捷适应，力求做到精益求精

转型,那它今天依然只能提供播客服务,就不会成为微博界的巨大成功。美国创意产品闪购网站 Fab.com 转型之后,从一个失败的、名叫费比乌斯（Fabius）的同性恋社交网站的残骸中获得了重生。

渴望在互联网时代进行转型的企业领导要"把一只脚留在过去,把另一只脚伸向可能的新未来"。40 年前,理查德·布兰森（Richard Branson）发行了一份独立制作的音乐杂志,而维京唱片公司（Virgin Records）当年也只是一个很小的唱片店,小到只有一家门店。万豪集团（The Marriott Corporation）刚开始的时候只是华盛顿地区的一个根汁汽水摊。商业领域没有水晶球,当变化发生的时候,你必须愿意并有能力接受外部的压力,并相应地进行转型。

马克·平卡斯（Mark Pincus）是社交游戏公司——星佳公司（Zynga）的创始人,曾被称为"连续创业的企业家"。但按他的话说,那只是因为在星佳之前,他没能创建一个可持续发展的公司。他所经历的大量失败给他上了宝贵的一课,而他也把这一教训带到了星佳公司："快速地失败,看看数据,然后继续前进。"尽管他的理念从没改变,但他经常在战略上进行有支点的转型,直到找到可行的方案。而且很明显,他真的做到了这一点,因为他创立了一个可持续发展的公司,该公司价值 12 亿美元,拥有 5 400 万名活跃用户,收入达到了 Facebook 的 126%。当然,随着星佳公司 2012 年灾难性的股票大跌,也许是时候进行新的转型了。

适应性需要公司内部形成一个"建立—评估—学习式反馈圈"。这就能使公司在较小的增长中实现总体的前景目标,并在发展的过程中不断进行有支点的转向。建立自己的产品或服务,对结果进行评估,然后从错误或成功中学到经验和教训。

借助社交媒体平台，才能快速适应变化

五年前,在婚礼之后,我们成立了自己的公司——重点关注公司（the

Kbuzz)。那时我们关注的是口口相传和口碑式营销。我们当时为客户做的是游击(面对面)营销,其中包括商场的活动、商店的隆重开幕式,对了,更多的是在棒球场进行推广。在第一年,也就是2007年的年末,我们很幸运地接到了威瑞森公司(Verizon)的单子——通过光纤电视、网络和电话服务组织、举办并推广家庭聚会,这个项目我们称之为"光纤的粉丝"。当时的想法是找到乐意邀请朋友和邻居到家里来观看盛大电视转播事件的光纤客户,这样就能宣传光纤的服务,并为新的客户引路。

项目运行得很顺利,但我们面临的最大挑战就是征集现有的顾客来举办聚会。我们本以为这会很简单——谁不愿意在家开一场别人出钱的大型聚会呢?但事实证明,在很多目标区域内找到有光纤电视的顾客是非常困难的,因为这是一个相对较新的服务,并没有很高的渗透率。在寻找有光纤电视顾客的过程中,我们求助了Facebook网。我的一位大学生实习生告诉我这是一个刚刚成立的社交网站,在大学生中很有影响力。

我们创建了一个名为"光纤的粉丝"的Facebook主页,并开始在Facebook上向目标人群做广告,征集他们来举办家庭聚会。在几个月之内,我们公司的主页关注人数就发展到了一万人,我们不仅找到了举办聚会的人,而且发现了一个新的商业模式。在Facebook和其他社交网站进行的口碑式营销比面对面营销的方式更加高效,所以我们开始为客户发展Facebook主页、应用程序和宣传活动,减少了麻烦又低效的商场、体育场和商店的活动。网上的工作也是大规模的,从2007年到2010年,我们使"重点关注"完成了近40倍的增长。

2010年,在Facebook网推出"喜欢"按钮的前几个星期,我们又一次作出了改变。随着社交媒体的出现,我们意识到它远远不止是口口相传和口碑式营销。它涉及客户服务、销售、名誉管理以及公关。我们认为社交媒体会创造出倾听顾客、积极回应并在交互中保持透明的企业。总之,社交媒体会创造出具有互联网思维、更加深得人心的企业。于是,我们把

03
迭代思维：敏捷适应，力求做到精益求精

公司的名字从"重点关注"改为了"众爱"，并把我们的关注点从单纯的营销扩展到了咨询、培训和服务领域。同样重要的是，我们还把公司的使命从"为我们的客户建立并维持口碑"改为了"创建一个更受欢迎的世界"。众爱的品牌比重点关注更强有力，而公司也在2010年和2011年保持了快速的发展。

2012年，我们再一次作出了改变：为小型企业增加本地深受欢迎的Facebook营销产品。多年来，我们一直纠结于如何适当地为缺乏资金的小型企业提供服务，同时又保持盈利。小型企业与我们的大客户有一样的需求，但很明显，他们的资源非常少，预算也很紧张。我们意识到要想为他们提供最好的服务，就需要一个以技术为基础的平台，并提供服务的支持，而不是直接为他们提供服务。我们希望这个平台能够企业将深得人心作为公司的核心价值链去继续深化。我们甚至将"适应性"加入了公司的核心价值观，因为我们意识到这个世界上唯一不变的就是变化本身，而且我们都希望不仅能够追上这个迅速变化的互联网时代的步伐，更能够引领时代的发展。

构建敏捷灵活的企业创新机制

企业要想接受新的机遇并应对变化，就必须保持内在的敏捷的灵活性。要想达到这一标准，领导者就必须要根据结果和机会来对自己的目标或策略进行改变。如果能对不同的选择保持开放的态度、倾听、分析并做好回应的准备，你就能临场应变，并充分利用新的可能。

要想适应并实施变化，公司必须保持水平的结构，而不能有垂直的等级制度。过多的管理和直接报告会减缓变化的过程，还会妨碍新的、也许是绝妙的想法开花结果。公司里每一个成员都应该拥有实现伟大想法的创新能力，水平的公司还能更好地为顾客的需求提供服务。你应该有能力、并且愿意根据需要来对员工进行调配。保持敏捷的灵活性，你就自动地为自己做好了成功的准备，不管未来有多少出人意料。

社交营销公司野火互动（Wild.re Interactive）成立于2008年，经营项目是为公司提供一种运作 Facebook 抽奖活动的简单方案。创始人维多利亚·兰塞姆（Victoria Ransom）和阿兰·舒尔德（Alain Chuard）曾经经营过一家拥有 Facebook 主页的旅游公司。为了吸引粉丝，维多利亚决定用抽奖的方式送出一次免费旅行。然而，由于 Facebook 网严格的竞赛规则，维多利亚和阿兰需要使用第三方的应用来操作这次抽奖活动，所以他们自己建立了一个应用。当他们注意到其他公司包括捷步达康和皮划艇（kayak）也想要使用他们建立的应用时，他们决定创立野火公司。他们的软件很快就在 Facebook 网上传播开来，使得大家可以更轻松地通过多种渠道进行社交媒体营销活动。

很快他们就意识到，他们其实只解决了社交媒体营销很多问题中的一个，即如何通过推广建立社区，但公司需要一个可以解决所有问题的平台，而不是利用多家供货商。因此野火公司选择再次作出改变，将其开发资源集中到一个高级的平台上。公司成功地在没有改变愿景目标的前提下对产品进行了极大的发展。最终，关注点依然是开发大规模、直观并可简单使用的软件，同时还要帮助客户获得并评估结果。发展产品是一场赌博，但它会有所回报。随着野火公司朝着一种快速配方的模式发展，它也将能够吸引到更多的顾客。

野火公司进行了有支点的转型，改变了策略，但并没有改变愿景目标。因为它努力满足市场的需要，所以永远也不会失去焦点。公司的敏捷灵活性为这些快速的转型提供了可能性。当 Facebook 网从标记语言（FBML）转变为内嵌框架时，野火公司决定充分利用这一改变，向其他公司提供使用内嵌框架的简单方式。公司用一个星期的时间实现了这一想法，恰到好处地赶在 Facebook 网宣布改变的时候发布出来，不仅得到了媒体的报道，也赢得了数百万的用户。

03
迭代思维：敏捷适应，力求做到精益求精

野火公司是如何做到的呢？它是如何能够如此迅速地对新的机遇做出回应并愿意冒这个险的呢？这是野火公司企业文化的一部分。为了能够跟上并预测行业的变化，野火公司为其产品配置了新的技术，每次都能重新评估公司的路线图。这些变化是顾客带来的。通过倾听销售团队的声音，公司可以了解顾客现在所需要的东西，然后迅速地重新调整开发资源以实现那些变化。

野火公司很重视雇用喜欢变化并不畏冒险的人。这些人以激情为动力，而且在他们的生活中已经做了很多事情。员工们不会把自己看得太重要，而且永远不会安于现状。维多利亚和阿兰部署的团队不仅能对他们进行挑战，还能带领公司走向新的方向。

随着公司的发展，管理层也增加了，决策和项目会涉及更多的人，这使得变化更加具有挑战性，但绝不是不可能的。野火公司保持了灵活性：公司拥有一个水平的结构，它鼓励所有的员工大胆发言，而且信任员工，每个员工都有权作决定——伟大的、革命性的观点不会被官僚主义所阻碍。野火公司的适应能力在2012年7月得到了回报，谷歌以超过2.5亿美元的价格收购了野火公司。

决胜瞬息万变的互联网时代的保证——敏捷灵活性

1993年，皮帕（Pippa）和罗恩·西克里斯特（Ron Seichrist）在迈阿密创办了一所专业的广告学校。这所迈阿密广告学校的使命是完成教育与产业的合作，尽最大可能为学生提供最好的培训，在想要一份广告行业的工作和真的拥有工作之间搭起一座桥梁。西克里斯特夫妇设计了一套需要实际操作的课程，作业也都具有实际意义。指导老师都是广告行业的专家，其中包括克里斯平波特广告代理公司（Crispin Porter Agency）的亚历克斯·博古斯基（Alex Bogusky）。

尽管他们是迈阿密最有名气的学校，但皮帕和罗恩知道他们还需要更

多的视角,于是他们开始从世界各地聘请业界的专家。这项新举措的绰号是"行业英雄系列",每一位艺术总监、广告文字撰稿人或者规划师在和学生们进行简单的工作时,都会戴着面具、穿着斗篷。这种请不同的人来授课的方式,以及传播各种思想和理念的教学,给学校带来了令人难以置信的影响力,很多毕业生都获得了奖项,而且他们中的绝大多数人毕业的时候都有很多可选择的工作机会(见图3—2)。

图3—2 迈阿密广告学校的学生正在上课

资料来源:皮帕·西克里斯特

学校取得了成功,皮帕和罗恩完全可以止步不前,但他们又有了一个新的想法:为什么我们不开始做相反的事情呢?不是把伟大的思想家介绍给学生,而是把学生送到伟大的思想家那里去。

这个充满冒险精神的想法为学校开启了一个变化和发展的新时代。"季度远离计划"的启动使得学生们可以更轻松地从一个城市搬到另一个城市。

03
迭代思维：敏捷适应，力求做到精益求精

计划实施的第一步是在经济繁荣的明尼阿波利斯市建立了一个新的校区。芝加哥的李奥贝纳广告公司（Leo Burnett）听说了这个学校的成功，于是询问可否在他们公司将"季度远离计划"延长为1年的实习期。对于迈阿密广告学校来说，这是前所未有的事，虽然这与学校的方案不一致，却没能阻止皮帕和罗恩充分利用这次机会。

从那时开始，学校迅速地发展到了纽约，之后又开始了国际化的开拓，第一站就是伦敦。李·达利（Lee Daley）最近接手掌管了萨奇画廊（Saatchi and Saatchi），他在感恩节那天打了一通越洋电话给皮帕和罗恩，询问是否能在他们公司建立一个迈阿密广告学校的分校，并在1月初开始运行。这只给皮帕和罗恩留了一个多月的时间来招生，并且要把学生送到伦敦，而其中还包括假期。学校准时启动了，而学生第一天早上到达公司的时候，李亲自在门口迎接了他们。

不久之后，旧金山戈德堡莫泽奥尼尔（Goldberg Moser O'Neil）的佛瑞德·戈德堡（Fred Goldberg）也给皮帕和罗恩打了一个类似的电话。"我们听说你们想在旧金山创办一所学校，"他说，"但你们不可能付得起这里高额的房租，所以我希望你们在我们公司的新大楼里创办学校，场地免费。我希望你们成为我的遗产。"6个月之后，汉堡市荣格·冯·马特公司（Jung von Matt）的首席运营官奥利弗·乔斯（Oliver Joss）也给他们打来了电话。之后还有从马德里、圣保罗、布宜诺斯艾利斯、伊斯坦布尔、悉尼、柏林、莫斯科、北京、巴黎、孟买、布鲁塞尔和斯德哥尔摩打来的电话。

每建立一个新的校区，就会出现新的障碍——学生的观念、办学资质、房租、开销、时间，但因为皮帕和罗恩拒绝变得程式化，并对所有的解决方法都持开放态度，所以迈阿密广告学校成为一个全球性的网络，有超过20家分校，为学生们提供了令人难以置信的教育机会。

每次变化都会带来更多的可能性。当皮帕和罗恩无法在尼日利亚拉各斯建立分校时，他们决定进行网络授课。他们从柏林的学校通过网络电话

（Skype）进行授课，因为这两个地点的时差比较小。很快，其他公司也要求对他们的员工进行专门的培训。于是，"迈阿密广告学校专业计划"诞生了，专门为公司和客户提供量身定制的课程。

皮帕和罗恩对教育有着灵活的观点。"学校"并不一定非要是一栋建筑，学生们都去这座建筑里学习。学校可以是文化和专业经历的汇总。迈阿密广告学校的学生们可以对自己的教育进行定制，没有哪两个学生会有相同的职业道路。而且在这个行业中，变化才是唯一不变的，灵活的教育制度成为这所学校成功的关键。

然而，有一件事是这所学校不愿意改变的。皮帕和罗恩刚创立迈阿密广告学校的时候，他们养了一只巧克力色的拉布拉多犬，名叫软糖。在软糖被诊断出无法治愈的脑瘤之前，软糖形影不离地陪伴了罗恩9年。这只拉布拉多的去世不仅对皮帕和罗恩是一个打击，对学校的学生、工作人员、指导老师、毕业生和董事会成员来说也都是一个打击。

皮帕和罗恩收到了200多封哀吊的电子邮件和卡片。其中有一个学生回忆说有一次他被叫到罗恩的办公室，他很担心自己犯了什么错误，但是当软糖跳起来和他一起坐在沙发上时，他立马就平静下来了。

几个月之后，迈阿密广告学校的学生、工作人员、指导老师、毕业生和董事会成员送给皮帕和罗恩一只同样是巧克力色的拉布拉多幼犬，和这只名叫斑点的小狗一起，他们还给皮帕和罗恩写了一张卡片，上面表达了他们的想法，他们都觉得没有巧克力色拉布拉多犬的迈阿密广告学校不是原来的学校了。现在，每一个校区都有一只巧克力色的拉布拉多犬。实际上，每一份合同上都有一项是"必须有一只狗"。皮帕和罗恩都不愿意在这一点上让步。

与其惧怕改变，不如惧怕不变

麦克斯威尼出版社（McSweeney's）由作家兼编辑的戴夫·艾格斯（Dave

03
迭代思维：敏捷适应，力求做到精益求精

Eggers）创立于 1998 年，是旧金山一家不大但很有名气的出版社。麦克斯威尼出版社最初成立的时候只是一家杂志社，主要的工作只是接受先前被其他杂志拒绝的作品。后来麦克斯威尼出版社扩展了业务，出版文学、美食、体育和 DVD 方面的季刊，还有一份月刊，拥有每日更新的文学和幽默网站，还拥有信徒图书和柯林斯图书馆。传统的出版社通常都会拥有更多的资源，尽管麦克斯威尼出版社只有 10 位全职员工，却比传统的出版社更具创新能力，而这全都要归功于它的灵活性，以及愿意冒险的精神。

据执行主编伊莱·霍洛维茨（Eli Horowitz）说，出版社的准则是"之前从来没有做过并不是不去这么做的理由"。伊莱说，公司经常在技术条件和资源都不允许的情况下决定做一些事情。这种敢于冒险的精神为麦克斯威尼出版社赢得了很多文学以及设计方面赫赫有名的大奖，同样也赢得了创纪录的销售量，甚至发布了自己的 iPhone 和 iPad 应用来充分享受数字时代。除了获得设计和用户体验方面的赞扬，这款应用还产生了非凡的成果：在发布的 3 个小时之内，该应用就飙升至美国 iTunes 图书类榜单的第一位，在最卖座的应用榜单中突破了前 50 名，并且在 Twitter 上得到了大量的口碑式宣传。这是信仰上的一次技术性飞跃，但它有所回报全都是因为麦克斯威尼出版社不畏惧去做它并不真正了解的事情。

这里的经验是什么呢？不要害怕改变，你要害怕的是不变。即便是你以前从来没有做过那些事，你也要去做。即便是你以前从来没有走过的一条路，你也要刻下这条路的方向。

要么适应，要么毁灭

商业成功是对达尔文进化论最好的体现。正如人类的进化一样，适者生存将会决定你的公司最终是走向成功，还是走向失败。电器城（Circuit City）和边界书店（Borders）是走向灭亡的公司的例子，他们对不断变化的消费者行为和数字时代产生了恐惧，因此无法正常运转。

电器城创立于1949年,曾经获得过巨大的成功。事实上,作家吉姆·柯林斯在他2001年的经典力作《从优秀到卓越》一书中将电器城称为"从优秀到卓越的公司"。1992年,电器城股票的1美元相当于311.64美元的价值。不幸的是,电器城没能跟上这个瞬息万变的时代的步伐。在竞争激烈、迅速发展的电器行业,自负是一个非常明显的错误。

　　电器城决定不像其他零售商那样进行博弈,也不像成功的公司,例如苹果公司那样进行大型的店内促销。这就为百思买创造了机会,使之成为当今美国最大的电器零售商。电器城未能提升自己在网上的形象,而像亚马逊那样的网上零售商当时正面临着事业上的腾飞。2008年11月,这个美国曾经的第二大电器零售商申请破产,并于2009年1月关闭了所有的567家门店。

　　而边界书店的重大错误则是固守了零售的现状,将资金投入到了提升顾客的店内体验上来,并进行全球性的扩张。公司在实体店投入了大量的资金,然而消费者却涌向了互联网。边界书店以为互联网只是昙花一现,于是把在线业务外包给了亚马逊,直到2008年,它才最终决定接手在线业务。但那个时候已经为时过晚,这家零售商已经负债累累,远远地落后于其他竞争者,而且也没有资金再进行投资。

　　与亚马逊的交易最终使这个在线零售商成为赢家,边界书店第一次发布自己的网站时,亚马逊已经占据了网上市场的大量份额。边界书店总是落后一步,在整个行业走向数字化的时候,将重点转向了CD和DVD的销售。公司等了太久才进入在线阅读和在线图书的领域,而它刚进入就面临着资金的短缺,公司已经没有能力设计数字化的策略了。边界书店再一次将这一问题外包了出去,这次外包给了加拿大的电子书公司科博在线阅读(Kobo, Inc.)。边界书店建立了太多的实体店,这完全没有必要,尤其是在一个向着数字化发展的时代。在整个行业进行转型的时候,边界书店

03
迭代思维：敏捷适应，力求做到精益求精

却没有。最终这家书店在 2011 年 2 月申请破产，并于 2011 年 9 月关闭了所有的 625 家零售店。

所以，不去冒险才是最冒险的事。你的公司无法保持一成不变，因为它周围的世界正坚定地朝着互联网时代全速前进。正如人类为了生存要不断适应，你的企业也必须这样做。

快速适应
Likeable Business
Why Today's Consumers Demand More
and How Leaders Can Deliver

互联网思维启示录

互联网代表着人类社会中变化最快的市场领域，这就使得适应性成了生存的关键。事实上，在对世界 500 强企业的营销人员进行的一次调查中，94% 的人认为快速适应变化的能力是互联网时代成功的最关键因素。四年前，MySpace 可能是你的公司需要利用的重点网站，但今天，它已经毫无意义了。一年半以前，Pinterest 网站还不存在，但现在，它已经是美国第三大社交网站了。即使是"长久存在"的社交网站，比如 Facebook 和 Twitter，也在进行着巨大的变化，几乎每个月都会推出新的产品和功能。

运用社交策略和工具的时候，你必须能够分析并适应数据和反馈。必须拥有一个互联网时代危机应对计划，这样才能对一时的混乱作出快速的反应。

那些在互联网时代表现出色的公司都能建立一支灵活的团队，团队与成员们真正热爱社交媒体，他们每晚都会看博客和 Twitter，阅读有关新网络、产品和工具的信息，这样才能为公司考虑运用这些网络、产品和工具。

最后，你可以考虑在公司自己的网站上发展公司的博客。在过去的 8 年里社交网络发生了如此巨大的变

化，在自己的网站上建立起可以控制的社会关注也变得越来越重要了。虽然仍然需要适应不断变化的网络，但是你会在自己的网站和社区里拥有一个可以依靠的安全保障。

行动清单

1. 进行一次头脑风暴，并写下五件你现在没做但可以为顾客做的事。
2. 写下一个可能会给你的公司带来很大好处的冒险性想法。
3. 召开一次团队会议。在房间里走一圈，向每个人询问一种可以发展公司业务的方法。写下他们的建议，选出一条，并让它实现吧！

快速适应之道

你获得的成功越大，公司的发展规模越大，就越难保持足够的灵活性去有效地应对变化的环境。然而，只要你以积极的态度面对——而不是抵触变化，你的公司就会一直拥有学习和适应的能力，并且能够收获成功。不要只是单纯地适应不断变化的状态，要在变化中发展壮大。

Likeable Business
Why Today's Consumers Demand More and How Leaders Can Deliver

04

服务思维
让客户愉悦，做好互联网服务

> 真正的领导者往往会有惊人之举，让旁人无法测度。不过，当他出手之时，总是能让他的追随者们欢欣鼓舞，激动万分。
>
> 夏尔·戴高乐（Charles de Gaulle）

法则6 给客户想要的一切：营造非凡的客户体验

维克多·冈萨雷斯（Victor Gonzalez）是数百万给明星发消息的用户之一，他们希望能得到回复，但往往都石沉大海。在维克多的例子中，那位明星是新英格兰爱国者队的外场接球手查德·奥克新科（Chad Ochocinco）。最后，维克多厌倦了一直被忽视，他给奥克新科发了这样一条消息："两年来我一直在给你发消息，但是从来没有收到过回复。"这引起了那位橄榄球明星的注意。奥克新科承认自己回应得不够积极，并迅速回复了维克多的Twitter信息："天啊，两年啊？是我的错。周六的比赛想来看吗？"好吧，这对维克多来说根本就不用思考，他当然想去！不幸的是，他是佛罗里达的一名大学生，没有办法赶到马萨诸塞。"我非常想去，但我住在佛罗里达，"他用开玩笑的语气回复了奥克新科，"你能带我飞过去吗？哈哈。"奥克新科竟然真的同意了这个要求，他告诉维克多很快就会有人和他联系来安排这件事的。

查德·奥克新科的合同里并没有规定他要为球迷提供免费的机票和门票，而维克多·冈萨雷斯可能在Twitter上与他最喜欢的球星进行一些简短的交谈就已经很满足了。但奥克新科做的远远不止这些，他向一个球迷展示了自己有多感激他，也通过社交媒体表达了所有球迷他对他们的感情。这是一件很简单的事，但其他人并没有这么做，这一行为让奥克新科变得与众不同，为他赢得了积极回应、懂得感恩、坦率正直的运动员的美誉。

另外，奥克新科的故事成为60多家媒体机构的特别报道，在免费的媒体上创造了数百万美元的价值，而且肯定也会对他将来的赞助合同有所帮助。

简单的愉悦

愉悦并不需要与令人兴奋的惊喜有关。事实上，它在通常情况下也不应该与之有关。顾客在你的公司享受到愉悦的时候不应该感到惊喜，他们来消费的时候就应该抱有这种期望。愉悦就是营造一种非凡的客户体验；愉悦就是苹果公司的顾客买了一个平板电脑，当他们打开盒子时的那种美妙、愉快的经历；愉悦就是购物者走在纽约航道超市或康涅狄格州斯图伦纳德家过道的感觉；愉悦就是当一位顾客购买产品时能够享受到个人服务的感觉。

想象一下，你在一个周六的早上陷入了狂乱之中，手头有一堆事情要做，要带孩子去理发，还要去存现支票。你拖着孩子，在银行中午关门之前匆匆赶到那里，经过一番与拥堵交通的斗争，终于在12点零1分赶到了柜员窗口。柜员没有把"对不起，我们关门了"的牌子翻过来，而是笑一笑，很灿烂地对你说："早上好！有什么可以为您效劳的吗？"你告诉她要办理什么业务，她很快递给你一张存款单和一支笔，还说你可以留下这支笔。你把存款单交给她之后，她会说："马上就好。"确实是马上就好了。她递给你一张收据，并在送你离开时给了你的孩子一些棒棒糖。

可能这听起来就像童话故事一样，但西班牙对外银行（BBVA Compass Bank）的柜员每天都在这样做。他们行动迅速，态度积极，而且真的在很用心地营造一种令人满意的、愉悦的客户体验。如果你需要去一家分行商谈有关贷款或开户的事宜，他们会很欢迎你自己从爆米花机上拿一包免费的爆米花。这个市值34亿美元的金融控股公司有着极高的声誉，这家总部位于伯明翰的银行拥有超过8 800名员工，是美国最大的25家银行之一。但这并没有阻碍西班牙对外银行拥有一种小镇的感觉，顾客能够得到银行的关心，而且每次都能得到愉快的经历。

遗憾的是，人们更容易想到的可能是与之相反的经历，不仅仅是在银行，还有很多其他的机构。还记得早上你为了买提神咖啡而排了很长的队，拿到的却不是你想要的那种口味的时候吗？还有当你难为情地向餐厅招待指出豆子少了和你对乳糖消化不良时，她不情愿地为你重做了饮料，还洒到了你的身上，无视你对她的感谢的时候吗？或者是你要求的"第5号套餐请不要加泡菜"变成了"第5号套餐里多加泡菜"的时候呢？

那你在去机动车辆管理局的时候又如何呢？基本上没有人会否认这是世界上最令人不愉快的体验之一了。你要起个大早，排一个小时的队，拿号，坐下继续等，观看长达两个小时的信息式广告，这样你才能重新拍照，然后做个视力测试，而这加起来仅仅只要8分钟的时间。这是你不得不要做的苦差事，也是生活中必经的灾难般体验。公司需要思考多种方法将顾客感到恐惧的经历转变为可以忍受的、愉快的经历。更糟的是，当你的客户体验对顾客而言是个"灾难"的时候，你的顾客是会逃走的。数据显示，40%的顾客会因为不好的体验而离开一家公司。组织公司与顾客之间的愉快交流会，让他们享受与你们公司的商业往来，也能让他们在将来进行更多的往来。

兑现消费者想要的惊喜

愉悦和令人愉悦的惊喜有什么区别呢？愉悦是你在美食家餐馆吃的一顿饭；而令人愉悦的惊喜则是当一份美味的甜点盛上来之后，厨师对你说这个可以免费享用。当然，惊喜并不一定非要是免费赠送的食物。向你的公司加入惊喜的元素仅仅需要超额兑现承诺，而且超出顾客的预期。

捷步达康是一家在亚马逊旗下经营服装和鞋类的零售商。该公司的核心价值观是"通过客户服务兑现惊喜"。在这一使命的驱动下，捷步达康利用客户服务超额兑现承诺，并且给买家带来了很多惊喜。捷步达康即使提供4天的免费包邮服务，也始终让顾客准时收到产品，带给顾客始终如一的、愉悦的客户服务。

公司还提供免费的退换货服务，这肯定是一件令人愉悦的事情，却不太符合"非凡"的承诺。真正神奇的是什么呢？捷步达康有一次给一位伴郎寄去了一双免费的鞋，因为他到达婚礼现场的时候发现自己脚上穿的鞋子实在太丑。

还有一次，一位女士退掉了她丈夫的靴子，因为他在一场车祸中去世了，捷步达康则给这位女士寄去了一束花。还再一次，捷步达康的一款鞋子缺货了，公司一位客服代表就去竞争对手的鞋店里为住在附近酒店的顾客买了一双那款鞋子。捷步达康的网站上有数百个好评和大量顾客的表扬信，全都是因为它努力确保每一个从公司订货的人都有一段精彩的体验。如今，捷步达康已经发展成为最大的网上鞋店，而它日常销量的75%都来自回头客。公司成功的主要来源就是其愉悦的客户服务名声带来的口碑式推荐。

尽一切可能将消费者的惊喜与愉悦放大

社交媒体能将惊喜与愉悦的规模放大，而不仅仅局限于某一位与你有着特殊交流的顾客。当你提供了一次非凡的客户服务，或者用免费的产品使顾客感到惊喜的时候，那位顾客就会感到有必要与他/她的朋友和关注者分享这份愉悦。当全世界都在观看的时候，感到惊喜和愉悦的就不只是那一位顾客了。

2010年11月，荷兰皇家航空公司发起了一场名为"传播开心"的活动，他们给旅客带去了惊喜，在Foursquare会上登记的旅客收到了个人礼品，这样就能使他们的航行更加愉快、压力更小。旅客在荷兰皇家航空公司的航空枢纽阿姆斯特丹史基浦机场办理登机手续之后，"惊喜团队"就会立刻开始利用这名旅客在网上公开发布的信息对他进行搜索。通过这种方法，团队可以选出最完美的个性化礼物。

有一位旅客因为要去纽约，所以会错过他最喜欢的足球队一年之中最重要的比赛，于是皇家航空公司的团队给了他一份惊喜，送给他一张《可爱星球》的纽约市旅行指南，重点标出了他可以观看比赛的最好的酒吧。团队了解到另一位乘客正在庆祝自己的生日，于是用贺卡和香槟为他送去了一份惊喜。

皇家航空公司努力打造顾客的节日，也颇有兴趣地看着公司为每个人带来的微小幸福是如何通过社交媒体和口口相传传播的。它们确实传播了出去：皇家航空公司得到了一百多万个好评，被英国广播公司和其他众多媒体评为最好的行动范例，现在也成为客户服务方面的顶级航空公司，而这全都是因为他们利用令人愉悦的惊喜来表达自己对顾客的关心和重视。

在惊喜的元素中，一个很重要的方面是可变奖励的心理。行为心理学家斯金纳发现，被间歇性强化的行为是最难消除的。正是这种心理使得人们对于老虎机如此痴迷：你知道会成功，只是不确定什么时候能成功，所以你一直拉着把手，试图增加成功的概率。对于作为商界领导的你来说，这意味着什么呢？意味着你必须找到一种方法让人们来"玩老虎机"。如果你给某些员工或顾客带来了惊喜和愉悦，人们就会被你吸引，希望能得到与那些人一样的机会，他们会时常猜测："什么时候能轮到我呢？我怎样才能成为下一个呢？"

免费给企业带来的惊人效果

移动互联网时代，免费往往成了那些具有流量思维的企业获取流量的首要策略。的确，免费所给企业带来的最直接结果就是网络流量或消费者的剧增。

墨西哥鸡肉卷公司布洛克经常进行内部讨论，讨论公司里的每个人如何在每一天都能拥有使人惊奇的力量。大家一致认为，这应该从小事——每天、每个地方都应该发生的小事开始：用真诚的微笑迎接客人，真心帮

04
服务思维：让客户愉悦，做好互联网服务

助不熟悉菜单的顾客。接下来就是弥补不愉悦的顾客经历：布洛克不仅纠正人为的失误，而且会更进一步提供一到两款免费的产品。顾客肯定会对公司如此淋漓尽致的客户服务感到吃惊。当糟糕经历的反馈传到首席执行官约翰·佩佩的耳朵里时，基本上就只有这么一个结果了："他们会得到更多的免费产品，多到他们都不知道怎么处理了。"人们可以利用这一点，当然也真的有人这么做，但佩佩并不在乎："我们不会要求他们提供证明，我们也不会因为知道他们在利用我们就停止大量地给予。"

对布洛克来说，仅仅弥补错误是不够的。它还通过庆祝活动将惊喜与喜悦往前推进了一步。顾客生日的时候，每个人都会得到一款免费的产品。是不是很令人感到愉悦？不过，这与最近布洛克在自己生日那天所做的事比起来就不算什么了。为了庆祝入行15周年，布洛克在众多分店组织了连续15个免费墨西哥鸡肉卷日（见图9—1）。在那整整15天里，顾客们全天排在特定的布洛克分店外面，每人领取一个或两个免费的墨西哥鸡肉卷。免费墨西哥鸡肉卷日并不是新鲜事，公司从2009年起就开始定期地这么做，以此展示它对社区和顾客的感激之情。

图4—1 免费墨西哥鸡肉卷日

资料来源：约翰·佩佩

佩佩设立免费墨西哥鸡肉卷日是出于他的直觉，他认为这对布洛克来说就是正确的事。打折会降低品牌的价值，与此相反，布洛克相信"免费"是一个具有魔力的词。和"五折"不同，"免费"对人们来说是真正的愉悦，顾客会为了一款免费的产品等在长得离谱的队中。当然，免费墨西哥鸡肉卷日恰恰也对布洛克的盈利起到了积极作用。在每一个免费墨西哥鸡肉卷日之后，公司的营业额都会经历一段上涨，而年复一年，布洛克也积攒了大量的人气。

根据2011年的一份调查研究，达特茅斯学院的塔克商学院（Dartmouth College Tuck School of Business）称公司在免费墨西哥鸡肉卷日之后15天左右就能赚回相应的价钱。该研究还发现，2010年，在紧接着免费墨西哥鸡肉卷日的之后几天，布洛克的可比销售额上升了20%，之后，布洛克的永久销售额上升了10%。2012年，布洛克共分发了37 600个免费赠品（总价值11万美元的墨西哥鸡肉卷），而且作为一项为社区所做的额外善行，布洛克为"美好生活决策人"筹集了20 717美元的善款，这是由总部位于波士顿的服装店"美好生活"（Life Is Good）发起的一个非营利性基金会。

不要只为顾客带来惊喜。布洛克今年的年度愚人节笑话给顾客带去的绝对是震惊。2012年4月1日，布洛克给顾客发了一封电子邮件，里面有佩佩的留言。邮件说15个免费墨西哥鸡肉卷日的前13天的花费比公司预计的多了三倍。"雪上加霜的是，"他还说，"3月底的水电费账单多了一大笔以前从没有过的空调费。"佩佩说公司会立刻取消最后两天的免费墨西哥鸡肉卷日，目前为"美好生活决策人"筹集的善款会用来交水电费，而且布洛克会收回原先加入消费卡的任何免费赠品，还会在以后的每笔订单上增加0.25美元的额外费用以填补公司的损失。噢，还有附注，愚人节！然后佩佩解释说这只是一个玩笑，生活依然很美好，而且布洛克会为每张消费卡加上一个附加的迷你鸡肉卷作为额外的惊喜。

04
服务思维：让客户愉悦，做好互联网服务

尽管如此，还是有些人没有意识到这封电子邮件是个笑话，包括佩佩自己的母亲。顾客竟然相信了布洛克会做如此糟糕的事情，这对佩佩来说是难以置信的。"这显示了人们对于当今的公司印象有差。"他说。最终，为了给宝贵的顾客提供一个愚人节的乐趣，公司又额外分发了价值4 100美元的墨西哥鸡肉卷。正如佩佩所说："我们这么做的原因是我们认为你可以经常光顾布洛克，这样时间长了，我们就能挣回免费分发的东西，而且也能因此保持良好的业务。"这是一个交易：免费分发数千个墨西哥鸡肉卷，换回数千位欣喜而忠实的顾客。

互联网时代消费者的价值

没有宣扬"每一位顾客生来平等"的《顾客独立宣言》，作为回头客和品牌的宣传者，忠实顾客对于公司来说比其他顾客更有价值。在当今移动互联网时代，拥有大量可控收听者的顾客是具有影响力的，他们尤其重要。鉴于你无法给每一位顾客带去惊喜——更不要说如果你给每个人都带去了惊喜，那就不再是惊喜，而是期待了，所以你必须选出对公司宣传和增加业务最有影响力的人。

如何才能找到这些人呢？一种方法就是利用科罗特（Klout）。这一社交媒体分析服务通过社交媒体用户对收听者行动的驱动来对其影响力进行测评。如果你有两个可选择的顾客来给他们带去惊喜和愉悦，一个顾客的科罗特分数比较低，而另一个比较高，那么选择那个有更大影响力的人，接触到的人们最多，也能使你的付出得到最大的回报。

那么那些有着糟糕、恐怖和讨厌的经历的人们呢？当你给这些可怜的人们带去惊喜和愉悦的时候，他们会欣喜若狂，忍不住要将这段经历告诉每一个Twitter关注者、朋友、同事和一起坐地铁的人。重点是要有策略地挑选顾客和时间来创造微小的惊喜和愉悦，这些微小的惊喜和愉悦会传播出去，并对你的公司产生最大的影响。

我的奥普拉时刻

我一直都很喜欢给别人带去惊喜和愉悦——不仅是顾客,还有员工。我喜欢时不时地把完成了伟大工作的员工召集起来开个团队会议,称赞他们,并递给他们一张小小的礼品卡;或者是打电话给一位重要的顾客,然后为他们提供一个大都会队比赛的套间。这会让我感觉很好,而且我忍不住地会去想这能对员工和客户产生哪些积极的影响。

那是2010年夏天的一个晚上,惊喜和愉悦的可能性开始在我的脑海中出现。当时我和妻子嘉莉在家,孩子们都睡了,我很不情愿地陪她看用数字录像机录下来的"奥普拉脱口秀"。

"你会爱上它的,戴夫,"嘉莉说,"这集是奥普拉的《最喜欢的事》。"

我不知道她在说些什么,但当奥普拉给她录影棚的客人带来惊喜的时候,我被吸引住了,便接着看了下去。她送出了一个又一个礼物,其中包括珠宝、家用电器、书籍,还有去澳大利亚的旅行!这带来了令人难以置信的娱乐效果,而我也一直在想她在一个小时之内能给观众的生活增加多少价值。

我想出了一个设立"戴夫最喜欢的事"的计划,准备在公司的聚会上为辛勤工作的优秀员工送去惊喜与奖励。我列出了一些我喜欢、员工们(那次是20个人)可能也会喜欢的事情——一张唐恩甜甜圈(Dunkin's Donuts)的礼品卡、一个Facebook的行李包、一双汤姆斯(TOMS)的鞋子、一张捐助者选择(Donors Choose)的礼品卡,还有最后的大奖:挪威邮轮公司为期七天的巴哈马旅行。我非常激动,当然,还有一个困难,就是如何让我的妻子和商业伙伴接受这一想法。我们希望给大家一个惊喜,所以不能让财务人员知道这件事。尽管我们用银行积蓄为此付款,但很明显,这会是一笔很大的开销。真的值得这样做吗?或者这只是在浪费钱?

假期聚会定在12月份,我准备了一份PPT,告诉团队成员我要在聚

04
服务思维：让客户愉悦，做好互联网服务

会上进行展示。封面那张幻灯片上写的是"你需要知道的公司为 2011 年所准备的 20 件事"。我把所有人聚集在一起，开始了那场假装的展示。第二张幻灯片是贴在奥普拉身上的我的大头照，标题是"戴夫最喜欢的事"。我甚至播放了奥普拉在揭晓礼品时使用的歌曲：黑眼豆豆的《有感觉》。

在接下来的 10 分钟里，人们陷入了一片混乱中。大家难以相信我竟然保留了这个惊喜，随着一个又一个礼物的揭晓，不论奖品价值多少钱，他们都兴奋得要发狂了。揭晓邮轮大奖的时候，人们激动地流下了眼泪。

我成功地拥有了自己的奥普拉时刻，但真的值得吗？对这一盛大的惊喜和愉悦的投资能得到什么回报呢？哎，当然了，很难知道与花在其他地方同等数量的金钱相比，这份 3 万美元的投资是不是有价值。尽管我们在 2011 年为 35 人送出了亚马逊 Kindle Fire 和去迈阿密的旅行，但随着公司的发展，我们年复一年地进行"戴夫最喜欢的事"几乎是不可能的了。不过我可以向你保证，在那艘邮轮上，我们的团队聚在一起的时光棒极了，公司的员工流动率也比同等规模的竞争机构低得多。我们可以把同样数量的钱用于提高每个人的现金奖励，而且那也可能会让员工很开心。但他们会感到愉悦，并对我们无比忠诚吗？不会的，奥普拉时刻才能达到这种效果。

找到能给自己的员工带来惊喜和愉悦的方式。更好的方法是，想出能够大规模、低成本操作惊喜和愉悦的方法。（你并不需要通过支付员工到迈阿密的机票来奖励和鼓舞他们。）员工会开始滔滔不绝地谈论为你的公司工作有多棒，口碑会传播出去，很快就会有优秀的人才敲开甚至踏破你的大门。

值得的口碑式营销

要想让顾客谈论你的公司，你就要提供一些可以谈论的东西。一个好的话题是真正值得期待的，是自然的、非凡的，能让人们不能不谈论些什么。没有什么比给顾客带来惊喜和愉悦更值得人们去口口相传的了。愉悦的顾客会想要和他人分享那份喜悦，并把这种开心传递下去；而惊喜的顾客会

忍不住在不经意的场合把他们的惊喜表达出来。当你每次都能给顾客带来愉悦，或者时不时能给重要顾客带来惊喜的时候，那就是口碑式营销的佳作。如果你可以不断地给人们带来惊喜和愉悦，那这就是你的营销。口碑式的营销会自发形成，不需要你去做广告活动。口碑会传播出去，而你也会作为一个深受欢迎的公司管理者而被人们了解。

老乔的店是一家几乎完全依靠口碑而赢得人气的公司。这个杂货店很少做营销，却拥有热衷为品牌做宣传的忠实粉丝群。（在 YouTube 上查找一下"我为老乔的店做了个广告"，你就能明白我的意思。）为什么呢？因为这是一家非凡的公司，能够不断为购物者带来愉悦。

1977 年，创始人约瑟夫·库伦布（Joseph Coulombe）开始着手建立一个能让人们享受购物的地方。一次去加勒比海旅行时受到启发，他努力将杂货店的购物体验打造成度假的感觉。老乔的店的员工穿着夏威夷风情的衬衫，从"品尝茅草屋"中向人们分发点心和饮料。他们还使用航海术语：商店经理被称为"船长"，助理经理则被称为"大副"。商店质朴的雪松木板墙上满是古怪的、手工绘制的标牌，而且通过特定地区的喜好展示出岛屿主题的装饰风格。（你可以从图 4—2 看出，位于波士顿博伊尔斯顿街的商店在其入口处表达了对芬威公园球场的敬意。）老乔的店提供独特的、值得期待的产品和令人愉快的政策：你想自己酿造混合啤酒并观看酿造过程吗？去吧。退货呢？当然可以，即使产品已经被打开，而你只是不喜欢那个味道，也一样可以退货。满心欢喜、以提供服务为乐的"船员们"随时乐意为你提供帮助，他们会快速跑下通道去拿产品，为你拿想要试吃的那袋食物。

去杂货店购物是消费者必须要做的事情，去老乔的店则是消费者愿意去做的事情。通过将讨厌的琐事变为消费者期待得到愉悦的活动，老乔的店已经建立了一个忠实的粉丝群，这些购物者无法停止谈论他们周日下午最喜欢去的地方。

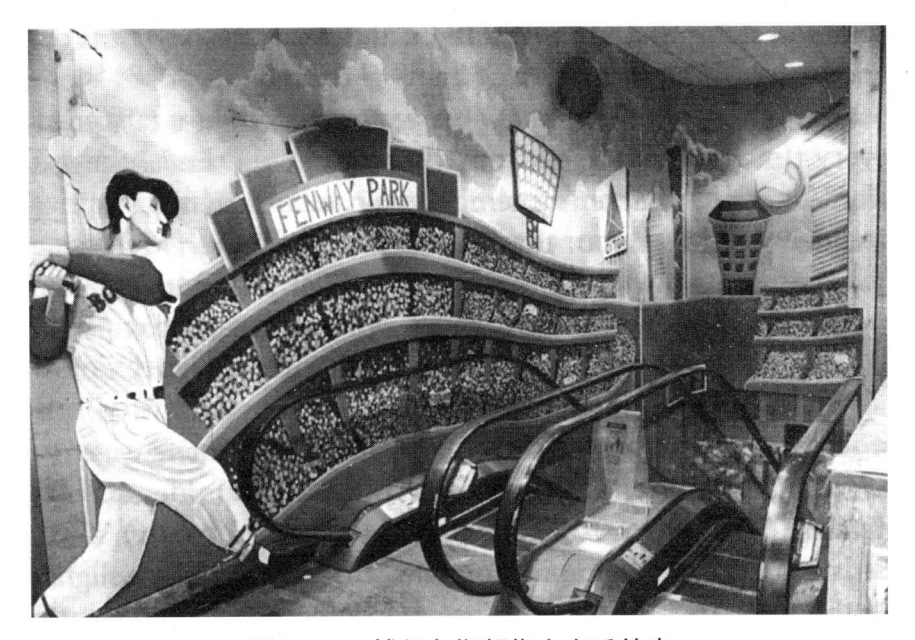

04
服务思维：让客户愉悦，做好互联网服务

图 4—2　博伊尔斯顿街上老乔的店

资料来源：吉布提·施维茨（DJ Switz）

每一个错误都是为人们提供惊喜和愉悦的机会

"为什么他们连一个简单的曲奇拼盘都会弄错？"我非常生气，准备打电话给佛罗里达州奥兰多的洛伊斯皇家太平洋度假村（Loews Royal Paci.c Resort）星级服务团队。

我在环球影城为女儿夏洛特（Charlotte）策划了一场生日庆祝会。夏洛特是哈利波特的超级粉丝，所以我们在环球影城的哈利波特世界安排了一场 VIP 旅行，另外还有很多其他的惊喜，比如曲奇拼盘和下午 4 点我们宾馆房间门口会挂上"生日快乐"的标语。在回宾馆的路上，我告诉夏洛特："我想可能会有一些东西在你的房间等你。"她显得非常兴奋。

当我们回到房间却什么都没有看到的时候，大家都很失望。我给"星级服务"打电话的时候，觉得没有享受到任何星级的服务。

星级服务的助理经理克莉丝蒂娜·博拉尼奥斯（Christina Bolanos）接听了电话，我告诉她我为什么如此失望。

"非常抱歉，"她说，"我们正在做曲奇拼盘，马上就会送上去。"

"好吧，谢谢，"我回答说，"但本来的想法是要为她的生日带来惊喜。"

克莉丝蒂娜非常认同我的感觉，她接着说："我知道，我们真的是搞砸了。我喜欢为人们制造惊喜，我知道当惊喜不能按计划送出的时候有多么令人失望。我来想想办法吧，您女儿有什么爱好吗？"

我告诉她夏洛特喜欢一切关于哈利波特的东西，还感谢了她。曲奇送了上来后，我们吃得很开心，即便这已经不算是惊喜了。

几个小时之后，我们收到一条通知，内容是度假村为我们提供了第二天早上的免费早餐。我觉得这对我来说是个不错的惊喜，但我九岁的女儿却并不领情。

第二天早上我们去吃饭的时候，女招待给夏洛特带来了一把巨大的、系在一罐小熊软糖上的哈利波特气球，另外还有一个包装好的盒子和一张卡片（见图4—3）。

夏洛特因为这个意外惊喜高兴得都要发疯了，她打开了盒子，里面是赫敏·格兰杰的真品魔杖（在环球影城的哈利波特世界，这个要卖50美元！）。卡片上写着："夏洛特，克莉丝蒂娜和你在洛伊斯的所有朋友祝你生日快乐！"

女儿的开心让我难以用语言表达，我也因为她而高兴。克莉丝蒂娜意识到了酒店的错误，然后如此不嫌麻烦地纠正了这个错误。他们的存货中肯定没有魔杖，这意味着有人需要出去购买、包装，还要把一切都布置好。

04
服务思维：让客户愉悦，做好互联网服务

图4—3　小姑娘为酒店带来的9 000多条好评

资料来源：戴夫·柯本

我对着任何愿意听的人滔滔不绝，从一开始讲述洛伊斯酒店无法正确准备好一个曲奇拼盘，到后来发展为对克莉丝蒂娜和她真正的"星级服务"大加赞扬，现在我又把它写在了这本书里，而且以后只要有机会我一定会入住洛伊斯酒店。

每个人、每个公司都会犯错误，但如果能在犯错之后给人们带来一点（或很多）惊喜和愉悦，你不仅可以抹掉这个错误，而且还可以赢得更多一生追随你的粉丝。对你来说，这有多大的价值呢？

惊喜与愉悦

互联网思维启示录

移动互联网时代开创了惊喜和愉悦的新纪元。为顾客惊喜与愉悦带来惊喜和愉悦总是一件好事。既然人们可以通过社交网络轻松地与众人分享喜悦,一位顾客的惊喜和愉悦就可以变成整个世界的惊喜和愉悦。利用社交工具来扩大惊喜和愉悦吧。

可能你无法给所有的在线顾客带来惊喜和愉悦,于是互联网影响力的概念就变得很重要了。科罗特、科来德(Kred)、震动力(mPact)以及其他影响力指标能告诉你社交网站上形形色色的人们有多少影响力。科罗特是这类服务的领军者,它为数百万人进行打分,分值从1到100,依据是他们的行为对网上其他人的行为产生影响的可能性。根据科罗特的排名,三位最有在线影响力的人物是贾斯汀·比伯、Lady Gaga和奥巴马。

如果乔治·克鲁尼这样的明星从你的公司或办公室门前走过,你可能会给他特殊的款待,尤其是当你知道他会帮助你的公司对其他人产生巨大影响的时候。同样的道理,如果有着很高科罗特分数的人在社交网站上与你进行了互动,那个人就可能会对你的公司产生无比巨大的影响,因此,这个人值得得到比普通人更多的惊喜和愉悦。

如果你能知道如何为在线社区做些小事,让他们感到快乐,提供预料之外的价值,你就能脱颖而出,被他们记住,并赢得社交媒体用户的业务。在社交媒体时代之前,卓越很重要,但在消息能以光速传播的今天,那绝对是至关重要的了。

04
服务思维：让客户愉悦，做好互联网服务

行动清单

1. 想想你最近经历的三次愉悦的客户服务体验。他们的共同点是什么？将那些元素融入到你公司制订的计划中。
2. 写下五种超出顾客期望、给他们带来惊喜的方式。
3. 想出今年可以给员工带来惊喜和愉悦的各种方式。写下计划并去将其中的一种计划付诸实施。
4. 写下一种可以让你与顾客的互动中变得卓越的方式，以及一种可以让你在与同事的互动中变得卓越的方式。然后开始行动，变得卓越吧！

营造非凡体验之道

给顾客和员工带来惊喜和愉悦是获得忠诚度和口碑认可的最好方式，但不要为了回头生意而那样做（尽管会有那种结果），也不要为了公众的关注而那样做（尽管会带来那种效果）。

相反，你要为了和给朋友举办聚会或是给母亲送花一样的原因而那样做：为了表达你真的很关心、很感激他们。荷兰皇家航空公司的假设是正确的，开心可以传递。开心的顾客和员工能为你带来开心的业务。

Likeable Business
Why Today's Consumers Demand More and How Leaders Can Deliver

05 | 社会化思维
社会化商业时代的到来

> 作为一个无足轻重的商人，你并没有真相那样的影响力。
>
> 约翰·惠蒂尔（John Greenleaf Whittier），诗人

法则 7　做一家真正透明的企业：利用社会化媒体，分享越多，得到越多

　　随着社会化商业时代的到来，其核心是互联网，公司面对的消费者以互联网的形式存在，这将改变企业生产、销售、营销等整个形态，社交媒体成为企业与消费者之间沟通交流的平台，信息正以前所未有的速度传播，而商业丑闻更会以光速传播。企业只有做到真正透明、开放，才能得到更多粉丝的拥戴，才能获得更多。

　　突然之间，我成了一名真人秀电视节目的演员，这让我有点措手不及。我刚下了豪华轿车，走进富丽堂皇的家，就看到很多台摄像机开始记录我的一举一动。这里是位于阿卡普尔科湾（Acapulco Bay）的一栋价值 3 000 万美元的别墅，福克斯电视台正在拍摄一部名为《天堂大酒店》（*Paradise Hotel*）的电影。两个站着的摄像组成员在跟踪拍摄我和其他 10 位演员，而后来才知道，整栋别墅被装上了不少于 1 200 台的固定摄像机。2003 年夏天的 3 个月时间里，除了厕所和浴室外，其他地方都有摄像机随时记录下一切。

　　第一天晚上，我费了很大的力气去适应那里的环境，尽管在家的时候朋友们给了我很多明智的警告，但我还是喝醉了。周围全是摄像机和模特，制片方也一直积极地制造戏剧效果，我喝了 21 瓶减肥可乐。最后我说了一些令自己后悔的蠢话和难为情的话，也一直表现得像个白痴一样。后来全世界的观众都在电视上看到了这些（是的，这本书的作者，也就是我，

05
社会化思维：社会化商业时代的到来

确实在国家电视台上说过"让这个新来的家伙看看你们的屁股"）。

我一直都相信诚实和坦率的重要性，但促使我和其他演员从根本上接受那些品质的还是在电视镜头前生活的那 3 个月。我们真的无处藏身。尽管费了很大的力气去适应——在那里生活的 87 天里，我不是唯一一个在第一天说了蠢话、做了蠢事的人，但我确实能在摄像机下生活得越来越自如了。

我从《天堂大酒店》中学到的是，当有摄像机记录你的一举一动时，诚实和坦率就会变得容易得多。对于自己说过的话、做过的事，我无法否认；我必须勇于承认，并为此负责。负责任这一简单的举动不仅使我自己感觉好多了，而且人们也更加信任我了。

多年之后，无论是在工作中还是在家里，我依然坚持像周围有 1 200 个摄像机一样度过每一天。当然，我还是会犯很多错误，但我都承认了那些错误。我发现生活和工作保持透明能让自己感到自由，还能进行自我激励，最终帮助我过上更好的生活（见图 5—1）。

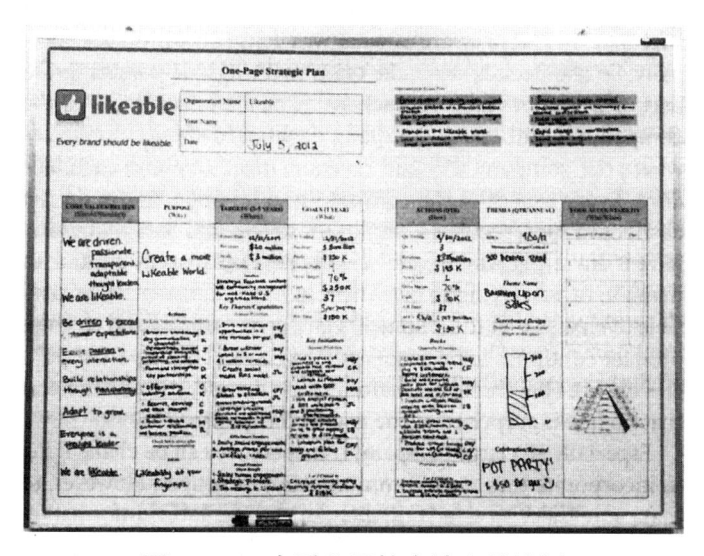

图 5—1　众爱公司挂在墙上的计划

资料来源：特雷莎·布赖恩

让企业变得更开放

员工之间相互坦诚同样也能让人感到自由、受到鼓舞。当同事们放下戒备、敞开心扉并互相交流的时候，就会觉得互相之间的联系更加紧密了，这样就能培养出彼此之间的信任感。充满信任的环境能带来合作和投资，能提高生产力，培养忠诚度，最终还能提高员工的留存率。

工资和津贴都不能真正激励员工或者赢得他们的忠诚。真正能让他们和你在一起走得更远的是建立一个坚定、互信的联系，而这又要求你消除与他们之间的隔阂。你可以通过与员工分享自己的背景和远见的方式让他们知道你是谁，了解你的过去。公开公司的业绩，或者是管理决策背后的原因。自我表露可以向员工证明他们得到了你的尊重，可以让他们明白你很重视和他们之间的关系，这样他们便会对你有所回报。

比如"甜蜜风暴"（Sweetriot）的首席执行官萨拉·安德林（Sarah Endline）。这家创立于2006年的巧克力公司颇具社会责任，成立至今，公司的收入已经达到200万美元。显而易见，这个公司有着卓越的产品：糖果的包装极具艺术风格。正如萨拉告诉我的那样："每次你拿起'甜蜜风暴'的产品，看到的都是一件艺术品。"但公司成功的关键在于它的透明。

从一开始萨拉就知道她要给员工充分的权力，来确保他们分工明确、自始至终处理自己的专属任务，而不是事无巨细地都要听从上级指挥。然而，萨拉需要一种能够随时了解员工状况的方式，而且这种方式要确保员工们对公司内发生的事有着清楚的认识。于是，她决定将团队会议，或者叫做"甜蜜的会议"，发展为"甜蜜风暴"公司企业文化的一部分。每一场甜蜜会议都以审视公司的数据为主要内容，仪表盘会向员工展示公司将在哪些方面增加了收入、存货和现金余额。"甜蜜风暴"的员工可以在这块仪表盘上看到公司的各个方面以及财务状况，而这也是萨拉展示公司状况的唯一方式。

05
社会化思维：社会化商业时代的到来

萨拉还将这种透明的态度传递给制造商，她努力提供给他们尽量多的信息，以此保证货物能按计划运送，保证产品能经久不衰。"甜蜜风暴"的坦诚政策确保了公司保持民主的团队文化，并且在每个季度结束的时候，大家不会对公司的状况感到吃惊。

尤其是在大型企业，将透明融入到交流活动中可能是一件极具挑战性的事。然而，为了确保每个人都保持在同一战线以及信息不被封锁，你会想出一个能够在公司内部坦诚交流、在公司外部与顾客保持联系的方法的。当然，像在平常的团队会议中那样面对面的交流是最透明的方式，但网络社区同样也能做到透明，在这样的社区里，员工常常能受到鼓励去发表和分享新鲜事。

亚美（Yammer）为企业提供了一个很有用的工具：一个可供员工交流的私人社交平台。这个平台的作用就像均衡器一样，尤其是在大型企业，它能给初级职位的员工提供与高层管理者进行交谈的机会，并让他们的声音得到倾听。亚美公司的企业文化就是对这个产品本身的体现。团队成员之间有一种被称为"分歧的文化"，如果你对正在发生的事情有自己的看法，就有权把它发表出来。在亚美，小型团队做决定时会群策群力，而且会邀请组外的参与者，以确定他们之间没有人随声附和别人的观点。最重要的是，整个团队不会关着门工作，也不会有多余的隐私。

亚美公司的透明来自整个团队对于以下观点的接受：公司里自下而上每一个人，都应该对自己的行为负责任。最终，因为你能够解释做出某个决定的原因，相信应该将自己的行为、弱点和挑战坦率地展示给他人，就能得到他人的信任和尊重。亚美公司的做法一定是正确的，因为2012年6月，微软公司将目光投向了这个公司，要以10亿美元的高价收购它。

透明不仅是为了交流而去贯彻一个系统，它是一种哲学理念，是应该渗透到公司各个方面的一整套政策。透明能确保一种责任感，这样公司的每一位成员都能坦然地为自己的工作和行为负责任。反面教训也很真实：正直和信任的缺失就像病毒一样，使公司里充满怀疑，进而削减了人们的信心、动力和生产力。

让诚实和坦率帮你卸掉沉重的包袱

"真是无巧不成书啊！"当我收到父亲的社工劳伦的电子邮件时，忍不住这么想。当时我正和整个公司团队在迈阿密的南部海滩度假，而我从那封邮件得知，父亲因为滥用药物被送进了康复医院。

我当时都要崩溃了。父亲一直以来都在与精神疾病以及药物问题作斗争，而对于这一点，我对员工一直很坦诚；但这次事情实在是太不凑巧了，我不希望在大家享受迈阿密美好时光的时候扫了他们的兴。我向我的妻子也是商业伙伴卡丽、我的管理团队以及特雷莎简单地提了提这件事，希望之后就不要再想它了，我想和团队里的其他成员一起享受聚会。

我确实参加了聚会，还享受得有些过头了。我点了30人份的橙汁酒，而且当大多数人都不想喝的时候，我帮他们把酒都喝了——喝了个精光。3个小时之后，我度过了一个和在天堂大酒店第一晚一样的夜晚，只不过现在我是一个首席执行官，整个团队都期待我为他们树立榜样。我觉得很惭愧，对自己也很失望。

第二天一早，我向整个团队发表了一次讲话，解释了父亲的事。我这么做不是要为自己的行为开脱，只是想告诉大家当时的情况。我为与自己领导身份不相称的行为而道歉，并将自己的错误作为强调公司核心价值观"透明"的机会。然后我们就不再提这件事了。

几个小时之后，一位我不太了解的新员工走到我面前，对我说："你知道吗？戴夫，我们都会把事情搞砸，但这都不要紧，要紧的是很多人不愿意向别人提起那些搞砸的事。我之前的老板从来不会像你那样讨论自己的私人生活或者错误。在这里工作真的能让人耳目一新。"

05
社会化思维：社会化商业时代的到来

我依然为父亲感到伤心，也为自己当着公司人的面喝得酩酊大醉而感到后悔，但我很骄傲自己创造了一种文化，这是一种欣赏并期待透明的文化。如果什么都不说，人们便会议论纷纷；但我将发生的事情坦率地告诉了大家，这样就可以消除员工的疑虑，甚至连我自己都感觉更好。当你不诚实、将自己封闭起来的时候，那些隐藏的事情会把你压垮，但诚实和坦率能帮你分担这些重担，让你感到不可思议的轻松、自由。

有些孩子养成了撒谎的习惯。"你刷牙了吗？""刷了。""那块饼干是你拿的吗？""不是。"但最终，家长都能从孩子口中问出真相，还会努力鼓励孩子们要诚实，他们会说："我一定会找到真相的，所以你最好现在就承认。"即便是成年人，我们也以为自己很擅长隐藏秘密。但不管是生意上的错误还是生活中的窘境，真相总会浮出水面。可能是你的表情，也可能是其他人的承认，不管通过哪种方法，人们总会找到真相，而且他们会因为被骗而十分不悦。就像轻率之举会永远地摧毁一段关系一样，当涉及你和顾客及员工建立起来的商业关系时，任何与真相的偏差也许都会不可逆转地损害一份宝贵的信任。

互联网时代，信息正以前所未有的速度传播着，而商业丑闻也会以光速传播。不透明的公司都会被公众发现，这一点毫无疑问。隐藏真相是不可能的，所以不要白费工夫了。如果不想让别人知道你做的事，那就不要做了——掩盖并不是解决问题的办法。当你欣然接受透明，而不是设法掩盖真相的时候，就会营造一种公开、积极的氛围，而公司也会因此大获成功。

揭开隔在你和消费者之间的那道帘子

劳拉·鲍姆（Laura Baum）是一家名叫"我们的犹太社区"（OurJewishCommunity.org）的在线组织的首席执行官，该组织成立于2008年。正如它的名字一样，"我们的犹太社区"目的是将全世界的犹太人联合在一起，以他们共同的信仰为基础，建立一个社区。当劳拉意识到很多美国犹太人无法在其他组织满足自己的需要时，她就建立了"我们的犹太社区"，目的是将犹太教带到人们所在的地方——网上。这个在线社区为人们提供多种多样的参与方式，包括播客、交互型业务、在线逾越节家宴（犹太教历尼散月的15日和16日举行）、博客、教育资料以及更多其他方式。

劳拉透露，"我们的犹太社区"有19万美元的预算，其中一半来自实物捐赠。正因为如此，整个组织都需要高度的透明。有人向"我们的犹太社区"捐款时，资金会直接进入这个社区，而劳拉和组织中的其他负责人也十分乐意将预算和财政状况分享给投资者以及其他利益相关方。捐赠者可以选择匿名捐款，但绝大多数人都很乐意与"我们的犹太社区"有所关联。当向"我们的犹太社区"捐物或捐款的组织与社区的使命不一致时，劳拉和"我们的犹太社区"团队会问心无愧地拒绝这些捐赠，还会将这些事告诉他们的成员（见图5—2）。

图5—2 "我们的犹太社区"的财务状况

资料来源：劳拉·鲍姆

05
社会化思维：社会化商业时代的到来

劳拉与我分享了经营透明组织的原因："希望到最后的时候，你没有什么是需要隐藏的。"她说，"如果你所做的事是光明正大的，那就没有理由不与大家分享，你应该很开心地去分享这些事！"最终，如果人们能够清楚地知道自己的钱去向何方，就会有更多的人愿意捐款。也许让人们接触到那些信息是件挺恐怖的事，但这样确实有助于建立联系并得到受众的支持，最终向着你的工作目标迈进。

透明并不一定要完全公开（尤其是当财务很复杂的时候），但经验证明，你分享的越多，能得到的信任就越多。

斯科特·乔丹（Scott Jordan）是斯科特背心服装公司（SCOTTEVEST）的创始人兼首席执行官，他说自己"坦率得几乎到了犯错误的地步"。为了证明自己的观点，他发表了一篇博客讲述在美国广播公司《创智赢家》（*Shark Tank*）的经历，这个栏目为企业家们提供了一个向大名鼎鼎的投资者推销自己的想法的机会。斯科特在这个节目亮相以后，受到了很多批评，人们认为他把节目当作了公关的喉舌，而不是发展公司的机遇。观众还指责斯科特对投资者缺少尊重、充满挑衅。

斯科特在博客中对这两种断言都进行了回应。他解释说，首先，这个栏目对他来说是一个推销产品、发展公司的机会。只有当斯科特意识到没有一位投资者对他的产品感兴趣的时候，他才决定把栏目用作进行公关的机会。同样，斯科特还对他咄咄逼人的态度进行了回应，他承认尽管很多戏剧性的场面是电视的伎俩和后期的剪辑，但还有很多是因为他觉得自己耗费10年心血发展的产品受到了攻击。斯科特带着自认为伟大的产品和合理的商业企划案来到《创智赢家》，却无法和投资商达成一致的意见。斯科特的解释和对这些事件的描述，将原本可能发展为公关惨败的事件转变成了他重视商业透明的积极例子。

巴塔哥尼亚公司（Patagonia）坦诚无畏地公开了对环境的"破坏"。

公司利用网站上"足迹记事"这一版块向顾客展示了各种产品对环境的影响。正如巴塔哥尼亚公司网站上说的:"我们的目标,是通过对供应链的公开来帮助公司减少对社会和环境的不利影响并形成产业规模。"巴塔哥尼亚公司并没有吹嘘自己有多伟大、多环保,而是坦诚地展示了公司的所作所为,并公开表示愿意做得更好。

同样,达美乐比萨店(Domino's Pizza)也发动了一场运动,大胆地以产品质量来解决顾客的不满。在公司放映的视频中,达美乐比萨店的董事长帕特里克·多伊尔(Patrick Doyle)直言不讳地坦白消费者对公司没有感情。公司记录了顾客在网上论坛、博客和 Twitter 上发表的评论,例如"批量生产、无趣、淡而无味的比萨饼",还播放了真实的焦点小组的真实镜头,镜头中顾客说出了"我在达美乐的比萨饼里感受不到爱意"和"我觉得达美乐比萨饼就像硬纸板一样"之类的话。视频中还有员工的反应,他们崩溃的表情和"真伤心"、"那真是太伤人了"之类的评论。绝大多数公司都会将批评隐藏起来,但达美乐比萨店却将批评公之于众,承担责任并表达了众多为重回正轨和重获顾客尊重而采取的措施(见图5—3)。之后一个季度的财务状况证明,公司的透明确实有所回报。

请追随巴塔哥尼亚公司和达美乐比萨店的脚步,在公司采取同样的正确路线:如果你正在做一件伟大的事,找个方法与人分享;如果你对现在所做的事并不十分满意,勇敢承认,并开诚布公地告诉大家你是如何努力改变这件事的。不要忽视任何显而易见的事,顾客会看到那些事,并会感激你认识到了那些事情的存在。

非营利性组织比其他任何种类的组织都有更多透明运作的压力,这一点很好理解,因为人们都想知道自己的捐款到哪里去了。当个人、家庭或者组织向非营利性组织捐款的时候,他们会对捐款的最终去向有所期待,是帮助贫困儿童修建了一个新的游乐场呢?还是为癌症研究提供了资金支持?

图 5—3　达美乐比萨店坦诚地公开了外界的指责

资料来源：bit.ly/Domino'sPizzaTurnaround

克里斯·罗文（Chris Rovin）是"我们研究"基金会（we-search.org）的首席执行官，他把"让捐赠者安心"作为整个团队的使命。"我们研究"提供的是将每位捐赠者与研究人员进行配对的服务，这样捐赠者就能始终掌握研究者的研究进度和资金的去向。"患者总是对我们说他们愿意与我们有更多接触，"克里斯对我说，"他们看到捐款到达应该到达的地方时，会感觉自己对事情的发展有更多掌握。"

在当今时代，消费者越来越希望掌握对信息的知情权。他们感兴趣时，可以在谷歌上搜索有关某人或某个组织的任何事情，这个时候，如果细节被有意保留或者无法得到他们自认为有权知道的信息，他们就不会那么友好了。

对消费者永远实话实说

加拿大动态研究公司（Research In Motion，简称 RIM）的首席执行官索思藤·海因斯（Thorsten Heins）执掌公司以后，通过视频介绍了自己，他使用了 RIM 长期以来使用的辞令，说一切都会很好的。但华尔街反应消极，RIM 的股票价格下跌了 13 个百分点。投资商明确表达了对于公关部门霸占信息这一情况的不满。后来海因斯在一次访谈中阐明了自己的观点，承认手机市场确实发生了变化，但由于 RIM 最初并没有意识到这一点，公司已经失去了竞争优势。但是他说，很快就会有许多结构和产品上的变化来帮助抵消市场的变化。然后 RIM 股票价格有了积极的回应，回涨了 3 个百分点。在投资商们相信公司能进行真正的改变之前，他们也只是想看到公司对于之前错误的承认，以及一个愿意"实话实说"的首席执行官。

我们对生活中废话连篇或满嘴谎言的人没有丝毫耐心，当然也希望从公司和公司领导那里得到相同的透明度。消费者可以原谅错误，但是当公司不愿意承认自己做错了事情并尽快道歉或者改正错误的时候，他们就没那么仁慈了。

保罗·利维（Paul Levy）是贝丝以色列女执事医院（Beth Israel Deaconess Hospital）的前任首席执行官。2006 年，他开通了一个名叫"经营医院"的博客，上面分享的是他的故事和见解，但没有任何带有公关性质的言论。他发布了个人趣闻和医院的隐私细节，其中包括感染率。然而，2010 年，他因为承认与一位曾经在医院工作过的女员工出现了"个人感情中的失误"而遭到攻击。6 个月后，他辞职了。但还是多亏了他在博客中的坦诚，丑闻被化解到了最小的程度。也许利维的坦率没能阻止他犯错误，也没能阻止他毁掉自己的前程，但这确实为他赢得了社区的理解。尽管博客的名字已经改成了"不再经营医院"，但利维依然发着博客，也继续发挥着对医疗问题的影响。

05
社会化思维：社会化商业时代的到来

人们天生就会对"人性"的展示作出积极回应，而消费者也越来越期待企业和商界领导的人性化特质。所以要想真正与消费者建立联系并赢得他们的信任和尊重，你需要诚实，并发自内心地告诉他们你也只是一个普通人而已。

真诚能让你走得很远，而透明能让你走得更远。真诚要求你做真正的自己，而透明有助于传达你的真诚。根据马斯洛需求层次理论，一个人如果无法满足对事物和住所的基本需求，就无法完成自我实现。同样，如果最开始的时候你没有建立起真诚和透明的基础，就无法成为深得人心的商人。

当你撒谎的时候，你就注定输了

如果别人发现你不坦率，你就会失去顾客，失去销售量，而且最重要的是，失去别人的信任。

还记得英国石油公司的惨败吗？2010年4月20日，英国石油公司拥有和运作的深水地平线钻井平台爆炸，导致了历史上最大面积的海上漏油事件。这次漏油事件对海洋和野生动物的栖息地、墨西哥湾的经济以及英国石油公司的名誉都带来了极大损害。英国石油公司的内部文件表明它对墨西哥湾漏油面积的最坏估计是公开预测的20倍，公司因撒谎而遭到了指责。英国石油公司的内部说法是每天的泄漏量可以达到10万桶，但当它把文件交给国会时却宣称每天的泄漏量只有5千桶，即使在最坏的情况下，也才达到6万桶。英国石油公司不愿意承认事情的严重性，他们的谎言阻碍了公司采取适当行为清理泄漏的进程。

更糟糕的是，在墨西哥湾漏油事件发生之前，英国石油公司还掩盖了里海的一次类似井喷事件。如果这次事件没有被掩盖，那么英国石油公司就会被迫对设备进行检查，也许就能发现墨西哥湾的错误设置，或许还能完全避免墨西哥湾的漏油事件。因为漏油事件和之后的欺骗行为，英国石油公司的股票价格一路下跌，最终损失了250亿美元的市值。

不仅如此，英国石油公司还失去了外界的信任。公司对漏油录像的伪造、前几周迟迟不承担责任、首席执行官托尼·海沃德（Tony Hayward）闪烁其词的发言和麻木不仁的评论（例如，这场灾难甚至不会降低年度股息支付率）再次激怒了公众。作为一个因误导公众而付出惨痛代价的公司，英国石油的例子提醒大家始终对公司内部的运作保持透明，并且永远不要欺骗公众。

我们可以接受坦诚的错误，但无法接受充满掩盖和谎言的错误。我们都是普通人，也清楚领导者们也会犯错。当我们听到"我把事情搞砸了，我太蠢了"这样的话时，会比听到"不是我的错，那与我无关"这样明显的谎言有更好的回应。想想那些政治丑闻，比如2011年5月安东尼·韦纳（Anthony Weiner）所犯的错误。如果他能迅速承认错误，也许就无须从国会辞职了。当我们听说领导者的违法行为时，真正厌恶的是他们对罪行的否认；当他们要手段撒谎的时候，人们的怨恨就会持续更长的时间。

1997年比尔·克林顿和莫妮卡·莱温斯基的丑闻曝光之后，我们原谅了自己的总统在誓言下的谎言；现在，他又回到了美国公众的视线中。如果我们能原谅那样的事情，那还有什么不可原谅呢？但领导者们必须在选民和顾客原谅之前，承认自己的错误。

有各种形式的谎言。每次你不能实现对顾客的承诺时，就是对他们撒谎了。想象一下一位顾客登录了某个公司的网站，购买了一件产品，然后发现："逗你玩！你要的东西没有现货，我们撒谎了，但已经收了你的钱，所以你也没有办法啊。"这时那位顾客的困惑和的怒火也肯定是可以理解的了。让消费者不解的并不是那些错误，商家不愿意坦率承认错误的态度让消费者觉得受到了伤害、欺骗和戏弄。想想那些曾经做错事的朋友、家人和同事，你仍然信任他们，你原谅了他们。我们有原谅别人、继续向前的能力，我们只是需要值得那样做的透明和坦率。

05
社会化思维：社会化商业时代的到来

透明与坦诚
Likeable Business
Why Today's Consumers Demand More and How Leaders Can Deliver

互联网思维启示录

在移动互联网时代，消费者比以往任何时候都对企业的坦诚和透明度有着更高的要求标准。他们在 Twitter 上发表政治观点，更新恋爱状态；他们希望企业能像收听者一样公开和真实。你需要把诚实和透明作为社交媒体政策不可分割的一部分。当你通过社交渠道进行回应时，确保答案和解释尽可能透明和坦诚。

当你搞砸事情、犯了错误时，尽快利用社交媒体坦诚地承认。当你利用社交渠道，而不是传统的公关活动和媒体谈论这些事情时，你就会和顾客建立起一个直接的、更近的联系——即便你和他们谈论的是你怎么把事情搞砸的！你要尽量利用社交工具打开你和顾客之间的那扇门。

同样，你也可以利用社交媒体维持公司内部的透明文化。多在公司内部的社交网络或局域网上发言。利用同样的工具设立"办公时间"，"在公司内部"迅速而公开地、尽最大能力来回答员工的问题。

社交媒体使得这个世界达到了一种最透明的程度。企业是否欣然接受那种透明就全靠他们自己了。

行动清单

1. 关于你的职业生涯或个人生活，写下三件你从来没有和团队分享过的事。在下次会议中分享其中的一件。
2. 开发一个能够在公司内部开辟沟通渠道的系统，尤其是你和员工之间的沟通。

3. 为公司或团队开设一个 Facebook 网群组、封闭的 LinkedIn 群组或是 Yarnmer 的网页，并通过率先分享敏感的信息，树立标杆鼓励公开分享信息的行为。

4. 在会议、户外活动或度假中，告诉员工你的个人见解，也鼓励他们分享自己的个人见解。

5. 写下公司可以改进的三件事情，以及一种你可以向员工和顾客谈论这些事的方式。将信息分享给员工、顾客和其他利益相关方。

透明与坦诚之道

一旦失去了别人的信任，就很难再重新赢得了，所以我们从一开始就要遵循透明的惯例。从一开始就没有必要撒谎，消费者能理解普通人所犯的错误——与顾客接触的时候，做个普通人就好。我们需要通过信任来获得承担风险、提高标准和努力成功的信心与安全保障。试图隐藏自己，如你的真相、你的错误，是一件很辛苦的事，而且对你也没有好处。相信我。

Likeable Business
Why Today's Consumers Demand More and How Leaders Can Deliver

06 | 平台思维
打造多方共赢的生态圈

> 个人照章办事,团队能获得出乎意料的成功。
>
> 美国海豹突击队格言

法则 8　让企业成为员工发挥最大潜能的平台

互联网的平台思维就是开放、共享、共赢的思维，这就意味着要把企业打造成一个开放的、多方共赢互利的生态圈。这个平台不仅要成为企业与消费者、供应商等联系的平台，还要成为员工发挥最大潜能的平台，甚至是一片属于他们自己的微创新、微创业的小天地。而这一切都将围绕着如何打造企业内部"平台型组织"而展开。

1999年，被称为"全面肾护理"的透析仪器供应商达维塔（DaVita）走到了破产的边缘。没有文化、没有憧憬、没有资金，也没有计划能拯救这个公司。公司的前景一片渺茫。于是，公司聘请了一位新的首席执行官肯特·西里（Kent Thiry，整个公司都叫他肯西）来进行重组。肯西的确拯救了公司，而令人吃惊的是，他拯救大计的第一步是改变公司的企业文化。1999年，他告诉那些忧心忡忡的"全面肾护理"员工：从现在起，我们"首先是一个团体，其次才是一个公司"。他把他们称为"队友"和"居民"，而不是员工。他还把他们中的800人聚集在一起，在新的展望、使命和价值观的基础上，投票为公司选一个新的名字。"达维塔"这个在意大利语中代表着"献身的人"的名字，以压倒性的优势获得了大家的支持。

今天，达维塔是美国第二大透析仪器供应商。事实上，据公关部门副总裁比尔·梅尔斯（Bill Myers）所说，它已跻身为世界500强企业，仅2011年一年就实现了高达70亿美元的收入。同样重要的是，肯西镇长领

06
平台思维：打造多方共赢的生态圈

导的达维塔小镇正在蓬勃发展。在达维塔，"团队协作"是公司的七个价值观之一，而员工们也都很认真地对待这件事。作为继续教育方案而成立的达维塔大学开设了一门名为"达维塔的团队之道"的课程，这个为期三天半的方案开启了对话通道，探索了团队齐心协力迈向新可能的方式。

达维塔也是一个极其民主的公司。事实上，它已被世界蓝组织（WorldBlu）认证为世界上最民主的公司之一。在1999年新的开始阶段，得到整个团队的回馈和认同成为最重要的事。通过民主方式选择新的展望、使命和价值观来确定公司的名称，队员们的声音得到了倾听，也被赋予了更多的权力。今天，从公司环境目标的确定到办公室工作站的设置，队员们投票决定所有事务。之后，肯西开创了"达维塔给予之道"，这一慈善倡议为全国的诊所工作人员提供了100万美元，允许他们通过提名授予的方式将资金捐给当地慈善机构。共计985家诊所提名了超过600家慈善机构，发放补助110万美元。之后又进行了一系列的检查报告和社区服务活动。

达维塔诊所的团队成员一直强调，能够通过"达维塔给予之道"帮助当地社区已经成为他们职业生涯中最精彩的事。通过赋予队友权力、欣然接受他们和发掘他们的智慧，肯西让团队相信公司的社会责任要从身边小事做起。肯西还颇有远见地开创了"达维塔小镇网络"——这一方案的设立是为了在危急时刻向队友们（或者他们的直系家属）提供预算外支出的资金帮助，这类情况包括自然灾害、危及生命的紧急情况、预料之外的医疗或葬礼支出，又或是因军事部署而造成的财政困难。从建立之初起，这一方案已经为将近300位队员送去了超过200万美元的关怀。达维塔团队是一个大家庭——共有4.5万名家庭成员。他们用心关爱彼此，互相学习，并为了彼此和患者努力实现共同的价值观（见图6—1）。

图6—1　达维塔的队员阿努拉提·马瑟（Anurati Mathur）

资料来源：克里斯特尔·亨宁（Crystal Henning）和埃弗里·詹姆斯（Avery James）的摄影作品。

个人对集体努力的承诺——团队协作

传奇橄榄球教练文斯·隆巴尔迪（Vince Lombardi）把团队协作定义为"个人对集体努力的承诺"。正是这份对公司的承诺和使命决定了你的成功。在清晰的目标下，通力合作的团队比个人的成就要大得多。想想那些冠军球队：胜利者通常不是拥有最优秀运动员的球队，而是配合得最好的球队。

平面造型设计公司99设计（99designs）在美国的旧金山和澳大利亚的墨尔本都设有办公室，另外还有一群遍及全世界的独立设计师。整个团队拥有超过50位工作人员和一个由15.96万名自由设计师组成的团体。但即使拥有如此数量众多、分布广泛的员工，99设计的团队仍然拥有难以置信的凝聚力。设计师和工作人员分享着友情，因为不管相聚多远，他们都是一个团队。

99设计的团队为维系成员之间的密切联系做了很多事情。他们的常规

06
平台思维：打造多方共赢的生态圈

周会名叫"囊括全部"（all-ins），在会议中成员互相联系，以此确保意见一致。每个月，不同的团队聚集在"囊括全部的全部"（all-in all-ins）会议中，以此确保他们都与公司的目标和使命保持一致。99设计的颁奖典礼也是一大特色，颁奖典礼上，团队成员可以提名一位月度"99人"（员工）。获胜者可以登上月度选手积分榜，最后还能根据居住地点的远近被派往澳大利亚或美国。设计师们一起参加慈善和志愿工作，举办卡拉OK之夜，还会经常一起小酌一杯（见图6—2）。

99设计的团队氛围是从高层延伸而来的：首席执行官帕特里克·卢埃林（Patrick Llewellyn）已经在自己家中为团队组织了多次烧烤，他还特别注意与所有工作人员的面对面交流。正如卢埃林所说，每个人都有公平的竞争环境。不论什么工作，每个人都对公司有所帮助。事实上，人们能经常看到卢埃林为团队洗盘子的身影。

图6—2 一种强烈的文化将99设计的团队成员紧紧地联系在一起

资料来源：劳伦·加德（Lauren Gard）

99设计有一个努力工作、努力娱乐的企业文化,而强烈的团队感也有所回报:公司有着令人难以置信的员工留存率,在过去4年中,他们几乎没有失去过一个团队成员。99设计领导团队的清晰远见使得公司在扩大规模的同时,公司文化得以继续发展。

建设一个有着积极、忠诚成员的团队,需要一种员工能感觉到自己的贡献得到欣赏、认可和重视的工作环境。但奖励和鼓舞员工有时并不需要太多预算,当然也不需要免费的旅游。低价的奖励机制也很有效,比如通过当地咖啡厅或商店的礼品卡来强调定期积极贡献的重要性。事实上,长久的认可与金钱没有任何关系,员工只是想得到对自己工作的认可和感谢而已。也许这意味着给予他们额外的机会和责任以证明他们得到了公司的信任和重视,但也可能只是某些公开的展示,比如出现在"名人墙"上或者被提名为"月度推销员"。很多时候,员工需要的只是一句简单的谢谢或者一封简单的感谢信。

让错误变得难忘

有些公司找到了建设团结团队的独特方法。在位于南卡罗来纳州查尔斯顿的斯坦福国际银行开发与咨询部(SIB Development and Consulting),丹·施耐德(Dan Schneider)不会解雇犯了重大错误的员工,他甚至不会朝他们大吼。相反,他会举办一场冰激凌聚会。公司的第一场冰激凌聚会源于一个因为没有备份硬盘而为公司造成1 500美元损失的员工。施耐德没有对这个员工大发脾气,而是冷静地走到他面前,让他去买冰激凌和装饰配料,这样公司就能举办一场冰激凌聚会。

"如果我对每个人大吼,他们就会认为我是个混蛋,"施耐德解释道,"但是如果我们围坐在一起吃冰激凌,每个人都会知道为什么要吃冰激凌:因为那个人把事情搞砸了。"施耐德的方法很有效,因为它让人难忘,员工们进行反思的时候会想:"我们上周吃了冰激凌,我最好还是备份一下

06
平台思维：打造多方共赢的生态圈

我的硬盘。"施耐德说那次事件之后，公司只举行了三场冰激凌聚会。

斯坦福国际银行开发与咨询部那非同寻常的企业文化还不止如此。比如，施耐德不喜欢在下午 3 点以后听到坏消息。这是什么逻辑呢？在施耐德工作的领域，没有太多具有时间敏感性的事情，即便有，可能团队也只能到第二天早上才能解决。这一政策给施耐德带来了一些清净，因为从下午 3 点开始，他就知道不会再听到任何坏消息了，而他积极的态度也很有感染力。

或许施耐德最不寻常的地方就是他对于人员流动的解决方式。施耐德的理论是，所有员工，不管他们在现有的岗位上多么开心，总会不断寻找更高的岗位和更多的薪酬。这一点让施耐德很担心，因为人员流动会带来高额的培训时间，所以他为员工提出了一个解决方案。每一位员工，不管什么级别，只要能在公司待满 5 年就能得到 5 万美元的奖金。施耐德说 1 年 1 万美元的员工留存支出是值得的，而且还能让员工很开心，这是一项额外的益处。

也许这些方式是不合常规的，但拥有支持、发奋的员工是非常重要的。就像在体育比赛中，当有一个团结的团队来支持明智的策略时，你就更有可能取胜。开场前请先确定你有一个忠诚、积极的团队。

没有规矩不成方圆

当然，经营公司并不总是充满乐趣，也不是做游戏。每个公司都有一套成文以及不成文的规定需要员工去遵守。这些规矩反映了每个公司的价值观和侧重点。比如，一些公司很看重迅速的行动，而另一些公司能够原谅拖延，却高度关注着装标准。在"众爱公司"，我很乐意与公司里的任何人交谈 15 分钟，但这并不意味着人们可以随时敲我的门，并期待我给予热情的接待。所以我们有一条规矩：申请并预约会面时间。不管你在哪里工作，都需要确保贯彻、执行并遵从公司的规矩。

在亚马逊，首席执行官杰夫·贝索斯和他的团队非常重视良好的客户服务，同时也非常重视客户服务团队的价值。为了让公司所有员工都认识到客户服务团队对亚马逊整体的成功有多密不可分，包括贝索斯自己在内的所有员工，每两年都要有两天的时间在顾客服务柜台工作。这样的经历有助于员工更好地理解整个过程，并更加欣赏这个团队。

决定哪些规矩对你的企业很重要是很有必要的，而同样有必要的是，决定哪些规矩对你的公司来说不那么重要。菲尔·利宾（Phil Libin）每到一家公司，就会摒弃一种无用的科技。在印象笔记（Evernote），他杜绝了电话的使用。他的想法是，如果你在办公桌前，你就应该在工作。这一决策是正确的，没有人怀念电话。公司报销每个人的手机话费，而每个会议室也都有专线，所以每台办公桌都可以不配备电话，这样也可以避免电话带来的干扰。

利宾还决心改变公司的休假政策，为员工提供无限期休假时间。只要员工完成了工作，他们就可以随意休假，多久都可以。利宾解释说公司对于员工表现的衡量标准都是一样的，不论"你是否完成了伟大的事情"。其他的一些公司，比如奈飞和IBM，也采取了类似的开放式或灵活休假政策，以工作质量来衡量员工的表现，而不是工作时间。这些公司意识到标准化的公司制度并不适合自己，而事实上，灵活的工作时间才能带来员工留存率的增加和团队生产力的提高。

印象笔记的公司文化源于利宾对于公司政策的不断追问：一个政策的存在是因为它是对"公司愚行"意料中的默认，还是因为它真的能帮助公司取得成就？通常情况下，他发现是前者，而一旦他意识到这一点，印象笔记就会停止实施那一政策。如果你愿意放弃传统的、公司式的思考方式，你就能完成伟大的工作。不要单纯为了设立规矩而设立规矩，也不要因为大家都那样做事而就那样去做。

06
平台思维：打造多方共赢的生态圈

学会按别人的规矩办事

你的企业拥有成文和不成文的运作规矩，并不意味着你的顾客、合作伙伴和供应商也有类似的规矩。因此要学会不仅按自己的规矩办事，也要按"他们的"规矩办事，这是成功路上必不可少的一件事。你不这么做的话，有可能会带来毁灭性的后果。我是付出了惨痛的代价才认识到这一点的。

为了不让他们觉得难堪，我就不公开有关公司或个人的名字了。我想说的是我们公司一直与一家世界500强企业保持着良好的关系，为他们的多个业务部门提供服务。2011年我们从这家公司得到的净收入超过40万美元，2012年有望超过50万美元。

2011年9月，我决定要全面发展公司和这个客户的关系，想要见见他们的其他管理人员。我让客户团队直接联系了一个客户的老板——一个名叫比尔（Bill）的副董事，想要安排一场关于社交媒体发展趋势的30分钟演讲。我知道我可以在那30分钟里加入很多有价值的东西，而且我绝没打算推销自己公司的服务——只是想建立信誉，全面发展我们的关系。我的团队联系到了比尔的助理，并提出希望与比尔直接通话。

就在几个小时之后，我收到了贝姬（Becky）发来的电子邮件，她就是那位客户。邮件里写的是："快点打我手机。"

我以为有什么营销危机需要处理，因为通常她不会和我直接联系，所以我腾出时间给她打了个电话。她非常气愤！

"你们怎么能不通过我直接和比尔商讨时间！你们和我们合作这么多年了，怎么能不知道我们做事的规矩？他比你们日常的联系人高了三级！你们到底在想些什么啊？"

我立马向她道歉，并解释说真的没有不尊重她的意思，只是想增加点价值。第二天我给她送了一束花，并再次道歉，不过没有说我不理解她为什么如此不开心——我只是想增加点价值，并让别人觉得她跟我们合作是很一件很聪明的事，如果有人愿意这样对我，我肯定会高兴地接他/她的电话，不会抱怨，也不会报复。

那天之后，我们与这一客户的合作又持续了四个月。从团队提供给我的报告可以看出，一切都很顺利——我们的工作很成功，成果很漂亮，众多客户方联系人也都很满意。但一年之后，很明显我们可能要失去那家公司的业务。12月份，我们被告知那家公司联合了社交媒体代理，他们不再需要我们的服务了。我无法证明我们失去那家公司业务的原因是由于直接联系比尔来商定会议的时间，但是也没有人能够说服我不是这个原因。谁知道呢？今天，我们仍和那家公司里有过合作的绝大多数人保持着极好的关系，当我们再有机会与他们合作的时候可能就知道答案了。但同时，这是一个我所犯的代价沉重的错误，也是一个重要的教训：学会按别人的规矩办事，即便你并不完全同意他们的想法。

成就他人，而不是自我

要成为一个伟大的领导者，你要学会的一件事就是把功劳让给团队，自己不争功。当一个伟大的领导者受到表扬时，他们会把自己的成功归因于他人的工作，或许还有一点点运气。

让别人闪光是一件互利的事：你的谦逊会得到别人的赞赏，这会让你变得深受欢迎，而受到表扬的那个人也会得到鼓舞和欣赏，还能提高信心。如果公司里只有你一个人看起来光鲜亮丽，或者很自负的话，那么这对公司绝对是没有好处的。

在《从优秀到卓越》一书中，吉姆·柯林斯把这类领导者称为"第5层领导者"，这是把谦逊和个人进取意识结合在一起的人："第5层的领导者把自我需要转移到更大的目标上，即建设卓越的公司。"这并不是说伟大的领导者不能有较高的自尊或者远大的抱负，只是他们的抱负从根本上说是以公司的利益为中心，而不是以个人能得到的好处为目标。

06
平台思维：打造多方共赢的生态圈

柯林斯把科尔曼·莫克勒（Colman Mockler）作为第 5 层领导者的范例。从 1975 年到 1999 年，科尔曼·莫克勒是吉列公司的首席执行官，他面临着对公司成功的威胁，其中包括露华浓的收购要约以及与科尼斯顿投资公司（Coniston Partners）的斗争，科尼斯顿为了廉价出售公司企图控制董事会。如果莫克勒向露华浓屈服，他就能将股票折现后将数百万美元收入囊中。但是，他选择为吉列而战，为了公司的最大利益，而不是他自己的。

事实上，莫克勒的决策为公司、顾客和持股人带来了益处：如果他向那场收购战争屈服了，吉列当时正在研发的项目就会被取消，那些最伟大的产品也就没有了未来，而长期持股人也会少赚三分之二的钱。莫克勒对公司的奉献精神和他的道德标杆最终拯救了吉列，同时也成就了吉列的卓越潜能。正如那句名言所说的："团队中没有'我'。"

跳出思维的局限

与按规矩办事同样重要的是，让团队跳出思维局限。阿道比（Adobe）的一项名为"创新的世界"（State of Create）的研究显示，80% 的人认为创新能带来经济增长，但只有 25% 的人认为他们充分发挥了创造的潜能，剩下 75% 的人则认为他们的雇主太注重生产力而对他们的创造力施加了压力。因此，要想成功，公司必须要有创造性思维来刺激创新。如果你的员工没有发挥创造力的机会，或者所有的员工都被训练为以完全一样的方式思考，那创新是不可能实现的。要想发现真正有价值的东西，你需要尽量多的奇思妙想，而让人们尽情分享想法的最好方法就是营造一个重视不同观点的氛围，并鼓励他们多花时间进行创造性思考。

保罗·英格利希（Paul English）是凯阿克（Kyak）的联合创始人兼首席技术官，他曾经说过："不要对他们进行意识的灌输，那样你就是在强迫每一个员工像博格一样思考。"这里的博格指的是失去自我意识的《星际迷航》家族中的一员。鼓励员工以个人独特的方式进行思考和行动,鼓励他们勇于接受新鲜事物。

英格利希建议以每季度团队的创新尝试来衡量高级管理者的工作。当涉及创新时,环境、周围的人和事会给我们带来灵感。要想鼓励新颖的想法和创造性的解决方法,就要营造能激励成员的团队氛围;有创新思想的人能激励其他有创新思想的人,这样就会带来成指数倍增长的创新。凯阿克说过,他们只聘用拥有企业家头脑的人。这家公司不会集体进行设计,也不会举行大型会议,但他们会奖励冒险的行为和快速的决策,不管结果是成功还是失败。

迈向创新的第一步就是简单地迈出第一步,就是主动开始新的事情。你的公司需要能够"打破思维局限"或者主动实施疯狂想法的员工,你需要敢于说出或做出新事情的人。如果公司不能打破思维的局限,那么你就会面临永远追随别人而不是设立标准的风险。《打破思维的局限》(*Poke the Box*)一书的作者塞斯·高汀(Seth Godin)说:"你的工作不是去追赶现状,而是去创造现状。"

无线 T 恤公司(Threadless)有着"行动第一"的工作理念。当杰克·尼克尔(Jake Nickell)在 2000 年成立这个公司的时候,他是一位网页设计师,对于如何网印 T 恤、如何发送货物、如何在信用卡上扣除费用等一窍不通。但他并不畏惧向着风险迈出第一步,他和他的团队有信心能够搞明白这一切。无线 T 恤的前任创意总监杰夫瑞·高米可夫(Jeffrey Kalmikoff)说:"要想出一百万个理由来证明你没有做好行动的准备是很容易的。你要做的只是迈出第一步,因为既然你列出了一百万个没有做好准备的原因,通过迈出第一步,那些原因就会变成一百万个让事情变得更好的方法。"

你需要一个由无畏的员工组成的团队。雇用那些愿意为创造性思维而冒险的人,他们会从飞机上跳下来,但会在下降的过程中制造一把降落伞。

06
平台思维：打造多方共赢的生态圈

2004年，马克·扎克伯格这位创造性的思想家和冒险者在哈佛大学的宿舍里创办了Facebook。从那时开始，扎克就坚定地为保持"黑客方式"和紧张的、以工程为推动力的文化而拼搏，这些方面成就了公司惊人的成功。黑客方式是扎克思考和行动的方式，它要求不断反复，而且无法忍耐"足够好"的观点。这种理念能够确保公司永远不会变得自满或停滞不前。黑客方式决定了Facebook网的全部文化，该网站会时刻提醒团队"比完美更好的是行动"以及"快速行动，打破常规"，而员工们也将这些牢记于心。

这一文化还延伸到了Facebook网所实施的计划和政策中，新来的工程人员第一天就要接受为期六周的新兵训练营方案。方案以一场简短的培训为开端，之后工程师们会收到六封电子邮件，这些邮件列出了一系列要做的任务。这样的入门仪式能确保员工们懂得有权自信地采取主动。

黑客方式文化的基础是黑客马拉松，这个通宵编程的活动每隔几个月就会在公司举行一次。黑客马拉松活动只有一条规则：所有人都不准做他们平时所做的事，这就给Facebook网的工程师们提供了一个尝试最疯狂、最冒险的想法的机会。黑客马拉松造就了Facebook网很多最成功的主要产品，其中包括最近的产品时间表（Timeline）。这一活动可以追溯到扎克在哈佛的日子，可以时刻提醒大家Facebook网是如何创立的，以及Facebook网将会一直保持的样子（见图6—3）。事实上，Facebook网现在不仅针对工程师举办黑客马拉松，销售人员、操作人员以及该上市公司的所有员工都会参加。

在Facebook网上，没有"唯一"的正确答案，而是有无数正确答案的可能。公司欢迎并鼓励每个人在任何时候都可以分享自己的独特方法或观点。事实上，公司鼓励分歧。Facebook网上的聊天应用最初多次被扎克否决，但最终因为产品原型太具有吸引力，他不得不重新考虑。Facebook网的员工们经常说："编码能赢得争论。"Facebook网奖励那些即使被否决，也依然坚定地相信自己想法的人，他们能推动事实证明高层的错误。

图6—3　Facebook网的黑客马拉松

资料来源：被遗弃的机构（The Outcast Agency），格温德琳·贝罗米（Gwendolyn Belomy）

　　Facebook的企业文化的目标是保持Facebook网像刚成立时那样灵活和无畏，并在成长中抵抗不利于创新的官僚主义。"已经有太多公司变得卓越之后却纠结于规模，纠结于文化。"工程主管安得鲁·博斯沃思（Andrew Bosworth）说。尽管Facebook网在2012年5月首次公开募股时并不顺利，且公司也在8月丧失了一半的市值，但扎克拒绝让Facebook网拥有同样的厄运。

移动互联网时代的企业文化

　　企业文化涉及的是公司的态度、行动和价值观的平衡，这些因素结合在一起，要么形成一个激励成功的有利氛围，要么形成一个摧毁士气的不利氛围。无线T恤公司的创始人兼首席执行官杰克·尼克尔把公司的成功归因于它的文化。这一文化完全来自公司的使命宗旨"激发令人惊叹的事"。

06
平台思维：打造多方共赢的生态圈

公司所做的所有事都体现出了令人惊叹的地方，包括每月一次的"令人惊叹的聚会"、员工们可以做任何想做的事的DIY日，以及允许公司里所有人给其他人颁发奖金的政策。这些政策发挥了很大作用，使得无线T恤公司有着令人难以置信的员工留存率。

当员工充满激情地参与公司业务、为公司的使命奋发图强、充满力量和灵感地工作，而不是在官僚主义的政策之下艰难度日的时候，成功的企业文化就能繁荣发展。从历史经验来看，如果公司拥有绩效导向型文化和充分的内部沟通，乐于接受新鲜观念，并且有着适当的冒险程度，就能有更好的财政增长。今天，仅仅拥有优秀的产品或服务是不够的，甚至拥有稳健的财务状况也是不够的，长久的商业成功取决于积极的企业文化。

格雷格·史密斯（Greg Smith）曾是高盛集团的员工，他在《纽约时报》上发表了一篇言辞尖刻的文章，内容是为什么他离开了这家已经工作了12年的公司。据史密斯说，公司的环境已经变得"有毒并极具破坏性"。他把高盛的成功归因于公司的文化，这一文化曾经以团队合作和公司的健全发展为中心，并总是把客户放在第一位。"当我意识到再也无法看着学生的眼睛，告诉他们这里有一个超棒的工作环境的时候，我就知道是时候离开了。"他如此回忆道。

史密斯说企业文化的缺失以及随之而来的道德品行的沦丧是对公司长久成功、乃至生存最大的威胁。史密斯过去常常向身价万亿美元的客户群提供建议——对他们的资金最有利的建议，即使那意味着公司将承担损失，但在过去的10年里，他看到这种做法已经不受欢迎了。他对于公司对客户的不尊重感到目瞪口呆：在他参加的会议中，没有一分钟是用来讨论如何帮助客户的，常务董事把他们的客户称为"白痴"，没有显示出一丝的正直。公司要想重新得到健全发展和成功，董事会必须再次把客户作为关注的焦点，清除那些不利于公司发展的员工，并恢复以使命为推动力的企业文化。

当一个公司能够拉动行业发展时，它就可能被金钱上的成功而迷惑，从而忽视价值观和企业文化。在公司的发展过程中，你要保持警惕，不要忘记它的特质，以及最初成就它的那些东西。

企业文化能催生制胜的战略。在得克萨斯州州府奥斯汀举办的2012西南偏南（SXSW）会议上，商界领袖们探讨了策略与企业文化之间的关系。国家领域（NationalField）的联合创始人霍华德·萨奇（Howard Saatchi），谈到了公司负有责任感的文化使得他们在2008年奥巴马总统竞选中能够实施策略，完成现场的各项操作。比战略和领导更重要的是企业文化，它是商业成功的真正决定因素。

当然，这并不是说战略和领导不重要，但一个团队要想成功，就必须有切实可行的企业文化作为支持。让我们来看一看捷步达康（Zappos，全球最大的售鞋网站）的例子：该公司的战略是坚持卓越的客户服务。为了实现这一目标，捷步达康打造了一种开心的企业文化，以此来确保开心的员工能为顾客带来愉悦感。研究甚至表明，战略和企业文化高度一致的公司比其他公司的发展速度快30%。最终，有毒的企业文化会摧毁品牌和战略，而有利于品牌战略发展的企业文化则能使你的事业蒸蒸日上。

摒弃官僚主义企业文化

谷歌一直以来都因其企业文化而广受好评。公司连续在最理想雇主的调查中位居前列，也是2007年、2008年和2012年《财富》最佳工作环境榜的第一名。在谷歌位于加利福尼亚州山景城的总部谷歌普勒克斯（Googleplex）内，员工可以享用拥有众多设施的娱乐中心，其中包括健身房、乒乓球桌、保龄球馆和小型平台式钢琴。

谷歌公司称："我们力图保持初创企业常有的开放式文化，在这种文化里，每个人都贡献了自己的一份力量，也都能轻松地分享观点和意见。"这包括每周一次的"感谢老天，总算到星期五了"全体员工大会，以及有

06
平台思维：打造多方共赢的生态圈

着独特设计的办公环境和咖啡厅，这种设计的目的是"鼓励谷歌团队内部以及团队之间的互动，引发关于工作以及娱乐的讨论"，这就解释了为什么办公室设计得像曼哈顿露台和都柏林酒吧一样。为了充分利用创造性思维，谷歌制定了一项关于"创新休假"的政策，鼓励员工将20%的时间用在非主要工作、但对他们来说有着吸引力的项目上。

然而，近些年出现了员工大批离开谷歌的迹象，这些前任谷歌员工并没有回避，而是公开分享了他们离职的原因：他们说谷歌已经失去了它那像初创企业一样的创新型文化。在公司工作了三年之后，谷歌的前任工程师詹姆斯·惠特克（James Whittaker）公开谈论了为什么他在2012年年初意识到必须要离开。

据惠特克说，从2011年春天联合创始人拉里·佩奇接任公司的首席执行官开始，谷歌一度伟大的企业文化就受到了冲击。他说公司在前佩奇时代是"一个充满创新的工厂"，广告收入全部用来为充满智慧、打破局限的思考提供资金。在这种机制下诞生了很多重要的产品，例如谷歌邮箱和谷歌浏览器，这些都是"公司最底层企业家精神的成果"。

那些聘用聪明人并授权他们创造伟大产品的日子已经一去不复返。应用程序引擎的费用提高了，谷歌实验室关闭了，曾经免费的应用程序接口也收费了，公司的重心转向了Google+的建设和谷歌对于主导社交网络的探索。"突然之间，20%意味着心不在焉地工作，"惠特克讲述道，"企业家精神的吸引力消失了。"很多和他同在谷歌工作的员工都有同样的感受：初创精神已经被一种只关注利润的文化取代了。"我所热爱的谷歌是一家赋予员工创新权力的技术公司，"惠特克哀叹道，"我离开的谷歌是一家只有一个公司规定关注点的广告公司。"

惠特克和其他前任谷歌员工的故事具有警示作用，提醒着人们当企业文化沦为官僚主义的受害者时，公司会有什么下场：人才流失，创新之火熄灭，公司的精髓也随之消失。谷歌的理念中有这样一部分：正确的企业文化更有可能孕育出伟大的、具有创造性的事物。那么，当你失去了那种文化会怎样呢？我想，你就不得不接受"普通、缺乏创意的东西"了。

互联网启示录

内部社交网站可以成为团队建设的强大工具，也能将公司里的人们联系在一起，而这也可能是他们唯一的联系方式。创建一个 Facebook 网、LinkedIn 群组或 Yarmmer 的网页，这样就能将员工团结在一起，建立一个有着紧密联系和充分交流的公司。

比如，在众爱公司，我们专门设立了四个封闭的 Facebook 网群组：一个对高级管理层开放；一个对三个美国办公室的所有员工开放；一个对我们遍布全世界的全球合作伙伴的员工开放；一个对多个办公室的实习生开放。每一个群组都有助于克服地理上的以及其他方面的障碍，并为人们提供在个人层面互相了解的机会。人们在群组的页面上发布生日愿望、照片和有趣的逸闻，这些内容肯定不适合"群发邮件"，但在社交环境下却很受欢迎，也很有趣。除此之外，人们还能更加有效地合作，能从世界另一端其他部门的人们那里得到问题的答案，即使他们从来都没有见过这些人，而且可能永远都不会见面。

至于外部社交媒体，你可以向公司里更多的人开放企业的 Twitter 账号，这样能保证每个人都拥有发言权，也能让他们与社区和顾客进行互动。在日常销售中，公共关系和客户服务部的人们有很多机会与潜在顾客和现有顾客进行互动，可为什么只有市场部的人在网上与人

06
平台思维：打造多方共赢的生态圈

们交流呢？你还要确保利用社交媒体发展公司的文化，并与世界分享你的公司。利用办公室的照片或视频让你的关注者了解背后的故事，比如无线T恤公司，他们在Twitter和Instagrem网上分享仓库内部的场景、拍摄的照片甚至员工的恶作剧。不要吝啬对员工和他们杰出工作的认可。通过社交媒体把你的文化传达出去，这样就能让整个世界真正地了解并爱上你的公司。

行动清单

1. 召开一次团队会议，通过头脑风暴的形式想出能让员工乐意以团队形式参加的活动。选出三条最受欢迎的方案并制订出计划，使一个活动成为你们企业文化的一部分。

2. 写下你们公司的规矩，既包括官方的也包括非官方的。看看有没有不利于企业文化的规矩。如果有的话，那就删掉吧！

3. 写下三种可以让你在公司或者部门内部增强团队精神的便宜或者免费的方法。

4. 写下你认为企业和企业文化中应有的八条核心价值观，让其他团队成员也写下对同一问题的答案。你们写出的东西一致吗？如果不一致，召开一次团队会议，为公司建立一套价值体系。

协作之道

在《员工第一，客户第二：颠倒常规管理》(Employees First, Customers Second: Turning Conventional Management Upside Down) 一书中，作者维尼特·纳亚尔 (Vineet Nayar) 认为商界的领导者应该把员工放在顾客前面，应该重视企业文化的培养，而不是首先关注外部的销售和市场。尤其对于大中型企业来说，事实上，只有关心自己的团队，才能真正关心顾客。

通过建立一套鼓励创新、团队协作和强大文化的指导方针，你所管理的员工就会愿意去关心顾客。如果你能够在团队中培养富有企业家精神的思维方式，让大家知道想法和创新可以来自公司的任何地方，那么就会给人们带来内在的激励，激励他们去超越。

不论你的公司的规模是大是小，如果你能建立起一个深得人心的社区，那么这个社区就会想要走出公司，面向世界，得到全世界的喜爱。

Likeable Business
Why Today's Consumers Demand More and How Leaders Can Deliver

07 未来十年的企业互联网变形计

> 互联网已经改变了音乐、游戏、媒体、零售和金融等行业,未来互联网精神将改变每一个行业,传统行业即使还想不出怎么去结合互联网,也一定要具备互联网思维。
>
> 马化腾

Likeable Business
Why Today's Consumers Demand More
and How Leaders Can Deliver

| 互联网新思维 |

互联网变形计 1　从企业的神坛走下来，积极回应和真正关心你的用户

生活10%是发生在你身上的事，剩下的90%是你如何应对它们。

查尔斯·斯文德尔（Charles R. Swindoll）

2011年5月，在一个像极了春天的星期日下午，艾默生学院（Emerson College）电话基金会举办了一场期末聚会，包括本书的合著者特雷莎在内的基金会学生导师请当地的墨西哥鸡肉卷店布洛克（Boloco）提供活动所需的食品，他们点了35个"充满灵感的"墨西哥鸡肉卷。然而，当这些导师去拿他们的订餐时，却被告知东西还没有准备好——事实上，一个鸡肉卷都没包装好。布洛克称，距离交付订单的时间还有好几个小时。这四位导师对沟通错误感到不解，也为聚会马上就要开始而着急，他们做了任何新新人类在那种情况下都会做的事：在 Twitter 上表达对于等待的不满。

通常情况下，这并不是最有建设性的做法，但人们都知道布洛克会在 Twitter 上回应顾客的抱怨。最起码，学生们觉得他们会在大约1个小时之后得到社交媒体团队的道歉（或许还有几个免费的墨西哥鸡肉卷）。但事实并非如此，他们发表不满还不到3分钟就得到了回应——首席执行官约翰·佩佩（John Pepper）亲自发来的回复。首先，佩佩为给他们带来的不便道了歉，然后给了他们自己的手机号码，让这个团队打电话给他，这样他就能解决问题。那是一个周末，而且佩佩当时正在健身房，不过那些对

07
未来十年的企业互联网变形计

这个首席执行官来说都不重要。

当学生的导师挂掉电话的时候，他们发现了墨西哥鸡肉卷没准备好的原因是他们自己的老板不小心弄错了订单的交付时间。特雷莎还记得她和其他导师发现这个错误时感到非常难受，他们为在布洛克没有做错任何事的情况下却如此小题大做而感到非常羞愧："但布洛克团队让我们不要担心，在意识到事情的紧急性之后，他们以创纪录的速度包好了我们的墨西哥鸡肉卷，并在预计时间将食物及时送达。"对于艾默生学院电话基金会来说，佩佩的平易近人以及员工的关心和回应使那个本来就很明媚的日子更加明亮了。

布洛克的意思是"波士顿地方公司"，这是一家提供"充满灵感的"墨西哥鸡肉卷和冰沙的地方连锁店。自从1997年首席执行官约翰·佩佩创立布洛克以来，公司迅速扩展到了整个新英格兰地区，近日还在华盛顿地区开了分店。除了充满创意的菜单之外，布洛克还因其对每一位顾客快速、高效回应的承诺而出名。在 Twitter 上，这意味着每一条消息都会得到回复，每一个错误都会得到道歉，提意见者还会得到公司赠送的免费产品。在店里，这意味着顾客可以参与菜单的设计。

彻底接受顾客回馈是第一步，第二步则是以真诚的方式进行回应。在布洛克，工作人员在回应之前会尽量从顾客的角度来思考问题，这样他们就可以首先与顾客感同身受，了解顾客给出这些回馈的原因。袒护或冷酷无情的回应还不如不回应。佩佩告诉我说："当他们忘记回应的时候人们并不会意识到这一点，尽管这可能看起来不是什么大事，但会积少成多。"他刚开始回应的时候仅仅是因为他觉得那是正确的事，但是他不知道那对顾客和公司来说是不是重要的事。最初好像并不是那么重要，因为人们根本没有回复，但现在布洛克已经因为积极的回应以及公司与顾客之间的公开交流通道而建立了良好的声誉。

的确，不好的回馈会让人感觉很受伤。佩佩记得有一次公司收到一个来自尖叫网站（Yelp）的两星评价，而作出评价的是一个新用户。"你知道这意味着什么吗？"佩佩大声说，"这意味着他创建了一个账号就是为了抨击我们！"这太让人伤心了。不过那也提醒了佩佩回应是多么具有个人的情感色彩。当人们觉得自己被忽视的时候，就会觉得很受伤；当他们意识到自己的观点很重要的时候，就会很开心。而在布洛克，事实确实是这样的："布洛克是很多年来大家回馈的结果。"佩佩说。这也是其成为公司的回应冠军的原因。

有一次在新罕布什尔州的时候，佩佩注意到一条来自波士顿的Twitter消息，上面抱怨布洛克一家门店的音乐声太吵了。他立即打通了那个门店的电话，找到了那家店的经理，告诉他："把音乐关小一点，相信我。"然后佩佩回复了布洛克的那位心怀不满的顾客："搞定。"没有什么能比那样的回应更加令人愉快的了。

只有快速高效的回应才能赢得忠实的消费者

顾客肯定不会羞于分享自己的观点，而且在当今这个数字交流与社交媒体的时代，他们有着有史以来最大的权力让自己的声音得到倾听。仅仅倾听顾客的声音是不够的，你还必须通过积极的回应让他们知道他们的声音得到了倾听。

节约之星（SavingStar）是一家位于马萨诸塞州沃尔瑟姆市（Waltham）的电子优惠券公司，它因积极的回应而著称。这个团队会迅速地回复其社交网站渠道上的帖子和留言，解决抱怨，并感谢顾客的积极回馈。但节约之星不仅仅通过自己的媒体进行回应，同时还会搜寻其他地方的谈话，例如博客和论坛，并在这些地方解决问题。

公司代表会花时间搜索其他的渠道，而不仅仅是他们自己的，并且会真正地参与到对话之中。对于这一点，顾客们无一例外地作出了愉快的回应。比如，节约之星向我详细讲述了一次经历，有一次他们注意到"我们

07
未来十年的企业互联网变形计

都用优惠券"网站（weusecoupons.com）上有很多问题，所以代表们建立了一个账号，加入了谈话，并回答了人们的询问。用户们感到很惊讶，也无一例外地作出了积极的回应，他们的感叹道："我们还不知道这里也有代表！太棒了。他们在看关于自己的东西，还回答了问题，这真是太棒了。"节约之星的积极回应为自己建立了一个忠实的顾客群，而这也带来了很多推荐和新的顾客（见图7—1）。

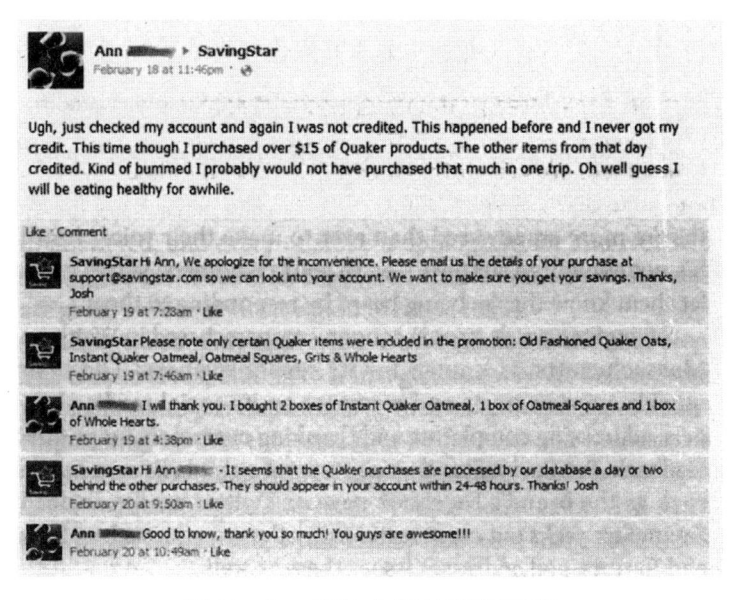

图7—1　节约之星的积极回应

资料来源：节约之星

你需要多快回应呢？当然,越快越好。通常来讲,你肯定希望越快越好,无论这对你的公司来说意味着什么，也不论你们有什么可用的资源。但如果你超过24个小时的时间才能回复一位顾客的话,你就应该更努力一些了。因此你必须在公司内部建立一个快速回应机制，使你至少可以"足够快"地作出回应。

随着移动互联网的崛起，大量的顾客对于产品、服务和公司的抱怨转移到了互联网上。社交媒体能将每一个观点放大，这些观点可以成为一个祝福，也可以成为一个诅咒，而这取决于你的产品或公司有多么的强大，以及你的客户服务团队有多么积极地回应。随着人们的交流与沟通向互联网上的转移，一些企业也把客户服务团队转移到了网上，这样就能迅速地作出回应。可以预见，一些企业正在做着领先于其他公司的工作。

例如，服装零售商老海军（Old Navy）制造了一条源源不断的Twitter流，而那也是客户服务的生力军。不论任何时候，只要你查看回复，你都会发现这个公司在回复好评（谢谢！非常高兴你能喜欢！）、责骂（对于这件事情的发生，我们深表歉意。请发送邮件致custserv@oldnavy.com，以便我们解决这一问题。），还有顾客的问题（促销截至5月4日。）。老海军甚至专门利用Twitter的聊天来确保顾客满意，以及让他们的需求得到满足。

百思买是第一家在Twitter上以回答顾客问题的方式提供预期外价值的大型企业。它开发了一个名为"推住力量"（Twelpforce）的活动，那里有将近一千名员工，他们接受培训后，在Twitter上回答人们有关电子产品的问题。当这近千名员工没有在公司里面对面地帮助顾客时，那他们一定是在网上帮助现有顾客和潜在顾客——回答有关任何电子产品的任何问题，甚至包括不是百思买出售的产品。自从将"推住力量"投入使用以后，百思买获得了众多客户服务方面的奖励，其中包括2010年克里奥广告奖（Clio Awards）的"对技术创新使用的交互式金奖"。

考虑到公司的规模，要对每一个人进行回应也许是不可能的。快速、高效的回应需要将事情进行合理的优先级排序。那些经常在尖叫网站发表评论的顾客，或者是拥有5 000位Twitter关注者的顾客，比发言少、影响力小的不满顾客给你的公司带来的损害更大。

现在很多公司都在网站上采用了即时消息系统，目的是尽量多地处理顾客的疑问和问题。俄克拉荷马州立大学（Oklahoma State University）的图书馆系统就是客户服务即时消息的热衷用户。学生和教师可以通过给图书馆工作人员留言的方式预定会议室、询问资料的地点,以及图书是否可借或者得到查询的帮助。这一系统对赞助人和工作人员来说都很方便,还可以使工作人员更加高效地工作。在这种情况下,在网上回应真的很节省时间。

在公司里有很多方式可以建立回应系统。一些公司已经开发了一种软件生态系统,在这种系统中,其他人也可以帮助公司进行回应,前提是要建立庞大的维基常见问题库以确保每个问题都有答案,还要为顾客提供一个发言和互相帮助的平台,比如苹果公司的粉丝们可以聚集在公司的"天才吧"。问问自己你的公司可以应用什么样的程序,以此保证每个电话、每封邮件、每位顾客都能得到及时的回应。

但请记住:积极回应并不是只在网上才重要,并不仅仅是回复电子邮件或博客的评论。积极回应意味着你不能让顾客等25分钟,意味着真诚地考虑顾客的回馈。

互联网时代消费者更拥有发言权

2009年,当新英格兰糖果威化饼(Necco Wafers)的制造商更改配方,使用纯天然的调味品时,他们以为会让产品变得更好。但他们的顾客响亮而清晰的反馈表明,事实并非如此。新英格兰糖果公司的邮件量增加了20倍——有些是正面的评价,但绝大多数是负面的,而最常见的观点则是"你们毁了我的产品。我再也不会从你们那买任何东西了。"糟糕!事实证明,顾客们不满意的并不是新产品的味道,而是它们的颜色。之前新英格兰糖果公司在了解到纯天然产品强劲的销售之后更改了162年之久的产品,希望能够提高新英格兰糖果威化饼平平的销售量。但新的颜色并不是人们所熟悉的,顾客们也不认可新的产品就是他们吃着长大的糖果。在一些回馈中,顾客们讲述了自己对威化饼的抵触情绪:把它们用作圣餐会的练习,或是当作扑克牌的筹码,或是对收费站的机器进行恶搞。当销售量下降了35%的时候,公司就知道他们犯了一个大错。于是,他们认真倾听了顾客的反映，并重新使用人工调味品，恢复了产品原来的颜色。

对公司产品和服务的改变不一定要以挣更多的钱为目的，也可以是为了让你的顾客更开心。

回应不一定要在 Twitter 上进行

老乔的店（Trader Joe's）在数字渠道上还没有很好的回应。这家特价杂货连锁店没有供顾客联系的电子邮件，也没有 Facebook 或 Twitter 账号。但几乎每一位老乔的店的顾客都有一个与公司的积极回应有关的故事。

当一位顾客从南加利福尼亚搬到内华达州里诺市以后，她很失望地发现当地老乔的店没有她深爱的黄豆冰激凌饼干。当她对里诺老乔的店提出要求之后，店里迅速反应并开始储备她最爱的产品，这让她大吃一惊。另一个顾客有一天早上开车经过一家菲尼克斯老乔的店，她发现虽然官方公布的营业时间是9点，但当时店里已经非常忙了。她问经理发生什么事了，经理回答说："很多人希望我们早点营业，所以我们经常提前营业。"

另一个忠实的顾客发表了一篇博客，说有一次她去到当地的一家老乔的店，却吃惊地发现她最爱的牙膏下架了。她向一位店员询问原因，那位店员回答说商店不再出售这种牙膏了，因为这种牙膏的销量不是很好。这位顾客非常失望：她在哪里能用 1.99 美元买到她最爱的、不是薄荷味的、小孩子喜欢的、不含氟的牙膏呢？那位员工表现出了很大的同情，也觉得很抱歉，但那位顾客除了去买一个更贵的、毫无吸引力的替代品，也没有其他选择了。然而，在她不久之后又回到店里的时候，她惊喜地发现自己所喜爱的牙膏又重新上架了，而且就在原来的地方。她问收银员自己是不是应该囤点货，以防这种牙膏再次下架。答复是：因为顾客的抗议太强烈了，所以老乔的店决定将永久出售这种牙膏。这位顾客无比开心，她说这一事件坚定了她对老乔的店的忠爱。

在老乔的店，回应顾客的反馈是一件很人性化的事，是员工与顾客之间的公开交谈。"我们真的觉得和顾客离得很近。"公司市场部副总裁奥黛丽·邓普（Audrey Dumper）说，"当我们想要了解他们的想法时，我们不需要把他们放进带有摇晃的电灯泡的无菌操作室。"

商店经理，或者称之为"船长"，有很大的自主权创办自己的店，以此满足当地顾客的需求和喜好。每一个商店员工都可以直接给消费者发邮件，给他们提供建议，同时也会收到一些顾客的反馈。公司的存货清单本身就是对顾客回馈的体现：公司会下架销量不好的产品，并为新的产品腾出空间。邓普说："我们喜欢把老乔的店看作是一个经济的食品民主制度。"

让你的顾客在公司里拥有发言权，并通过积极回应他们的回馈，让他们知道自己的意见很重要。

GAP 在紧要关头回应了商标风波

2010 年初秋，服装零售商 GAP 正处在萧条之中。从新千年初期开始，销量一直处于下滑阶段，GAP 公司决定是时候改变一下自己的形象了。GAP 决定，改变形象的第一步，便是改变他们的商标。GAP 对原来著名的"蓝色盒子"商标做了改变，将小盒子移到了字母"P"的上方。

GAP 的消费者们对这一改变感到十分恼火，他们纷纷使用社交媒体宣泄不满的情绪。一个为了抗议改变而设立的 Twitter 账号得到了超过 5 000 人的关注，而 GAP 的 Facebook 主页收到了 2 000 多条关于更改商标的负面评论。一个名叫"制作你自己的 GAP 商标"的小网站火了起来，引来了将近 1.4 万个对商标的恶搞。GAP 北美地区的总裁马尔卡·汉森（Marka Hansen）认为事情该适可而止了。汉森引用了社交媒体上对换商标事件的强烈抗议，他说：

在过去的这一个星期里，我们一直在倾听公众的声音，关注所有的评论。我们听到他们一遍又一遍地说更喜欢我们原来蓝色盒子的商标，而且他们希望我们把商标换回去。现在，我们决定就那么做，我将会在所有渠道上换回原来的商标。我们在这一过程中学到了很多东西，而且很清楚这件事我们一开始做得不对。我们承认失去了加入网上社区的机会。对于众包服务来说，这是一个在错误时间进行的错误项目。也许有一天我们需要对商标进行改进，但即使那一天到来的时候，我们也会以不同的方式来处理。

这场商标风波导致 GAP 的市值下跌了 2.47 亿美元。GAP 没有忽略公众对于换商标事件的强烈抗议，也没有固执己见，而是决定对消费者作出积极的回应，并作出了改变。由最初更换商标事件导致的抗议原本可以升级为一场灾难，给 GAP 带来更加惨重的销售损失，但相反，这场惨剧最后却成为 GAP 一次有价值的学习经历，GAP 学到了利用社交媒体与消费者进行联系的重要性。这使得 GAP 能够看到顾客对于变化的不满，并对这一问题进行回应，与忠实顾客保持一种积极的联系。公司的股票也做出了积极的回应，原来的商标被换回以后，股票价格迅速上涨。

让消费者随时随地都能接触到你

捷蓝航空公司客户服务团队的成员坚信积极回应的重要性。他们的目标是将人文关怀带回到航空旅行，而且他们知道没有什么比对话和接触更具有人性化了。捷蓝航空公司的客户服务团队深知拥有倾听和回应社区的能力意味着会有很大机会提高业务水平，还能确保顾客对公司的感情和资金投入。

捷蓝航空公司客户服务团队的首要任务就是保证速度。在 Twitter 上给捷蓝航空公司发一条让人抓狂的消息，不管是弄丢了包，还是错过了航班，你都可以期待 15 分钟之内得到他们的回复，每周 7 天、每天 24 小时都是这样。捷蓝航空公司的团队成员并没有把他们快速回应的策略局限在自己的页面上。相反，他们会在多个渠道倾听人们的对话，并在需要的时候加入他们并澄清一个不准确的说法，或者是跟顾客开个诙谐的玩笑。

07
未来十年的企业互联网变形计

处理网上回应的团队被称为"实时恢复团队",外号是"B6黑色行动"。B6黑色行动的任务是回复电子邮件,与有特殊需要的顾客进行交涉,并且监视社交媒体渠道。这个20人的团队每周工作7天,每天工作24小时,以此确保每件事都能顺利运转。团队的成员不仅能够帮助人们回答常见的问题,还能提供顾客须知的有关航空公司的详细信息,比如飞机上的窗户是否防紫外线等。

B6黑色行动努力与每个人保持联系,有时候这意味着需要将两个人的工作发展为全体人员都在岗的情况,尤其是在天气恶劣的时候,比如2011年夏天飓风艾琳来袭的时候。在这些情况下,"实时恢复团队"在Twitter上能够更高效地处理顾客关心的问题,比在其他渠道中都高效,比如电话客服热线(见图7—2)。这个团队真的能够在电话线路拥堵的时候通过Twitter来重新安排航班。

图7—2 捷蓝航空公司长岛城市支持中心的"翼墙"
上显示Twitter搜索订阅

资料来源:捷蓝航空公司,摩根·约翰斯顿(Morgan Johnston)

捷蓝航空公司最大的长处也许就是对积极回应政策的彻底实施,这也远远超出了社交媒体的范围。有一次,一位捷蓝航空的顾客在肯尼迪机场乘机时在托运行李中放了一架折叠式自行车。当这位顾客抵达行李托运柜台后,发现捷蓝航空公司要为托运自行车收取额外的费用,尽管他的车子整齐地折叠好放进了随身携带的行李,很明显没有占据多余的空间。那位顾客在Twitter上发表了这一事件,并收到了"实时回复团队"的回应。这一痛苦经历的结果是,捷蓝航空公司不仅给那位顾客退还了之前的额外收费,最后还更改了公司有关自行车托运的政策。

企业必须放下"高高在上"的架子,去与消费者接触

凯特·科尔(Kat Cole)是肉桂卷公司(Cinnabon, Inc.)的总裁,这个美国烘焙食品店因生产大量的桂皮面包卷而出名。在你当地的机场或购物商场逛一圈,你肯定能找到它们的存在——它们无处不在。凯特·科尔也是这样。她奔波于全国各地参加商谈和会议,还造访各地的店铺与面包师打招呼,并查看每件事情的进展。科尔一直都很忙,但她总能找到时间去做对她来说重要的事。对科尔来说,其中一件最重要的事就是与客户建立良好的关系。

如果你给肉桂卷公司的账号(@ Cinnabon)发一条消息,那你不仅会收到肉桂卷公司的回复,还会收到科尔的回复。她会用亲切的话语感谢顾客,敦促他们在家乡申请开一家肉桂卷公司的分店,并用诙谐的玩笑与他们沟通。科尔完全可以置身事外,让公司的社交媒体团队与顾客搞好关系,但她没有这么做,而是亲力亲为。首席执行官的特别加入,以及她与人们的接触,向顾客展示了公司里从上至下每一名员工都真正关心顾客是否满意,这使得肉桂卷公司的品牌极具人性化。

如果人们能够接触到你,那么你就可以对他们进行积极的回应。绝大多数公司还没有那么大,所以领导们不至于没有时间倾听员工身边发生的

07
未来十年的企业互联网变形计

事,或者认识到他们在哪些方面可以做得更好。一位深得人心的领导者必然能让他们的团队接触到自己。可接触性还能保证公司对顾客的积极回应。

"因果循环"(karmaloop)的创始人兼首席执行官格雷格·赛尔克(Greg selkos)甚至把自己的电子邮箱和手机号码直接列在了公司的网站上。这一做法开始得很自然:当顾客从网站上买了东西时,他会打电话给他们,并询问他们是如何知道"因果循环"这个公司的,这是一个专营男女街头流行衣饰的网上零售商。现在,他推崇的一条理念是:"我认为如果你支持自己的产品,就应该让人们能够接触到你。"在一家具有互联网思维的公司,每一个顾客随时随地都能联系到公司的任何人,并期待得到回应。

积极回应并不总是容易的,但值得你付出

作为一个社交媒体方面的企业家,这么多年来,我始终坚信个人积极回应的重要价值。我特别注意回复公司里 100 多位员工和实习生发给我的每一封邮件,而且我同意与每一位愿意见我的员工或实习生面谈 15 分钟。的确,在过去几年中我们的公司发展迅速,这也使得对这条政策的坚持越来越难;也许到最后 15 分钟会变成 5 分钟,而我回复一些邮件的时间也会变长。但我的计划是坚定地执行这项政策。不论是高层管理者还是实习生,每次我与团队成员聊天之后都能得到颇有价值的见解——这些对于公司的见解曾经帮助我们落实新的想法,发现、培养人才,更好地了解我们的顾客和发现机遇。

作为一个社交媒体的首席执行官,对非员工的回应甚至比对员工的回应更难。出于显而易见的原因,我选择在社交媒体领域公开而积极地生活,我在 Facebook、Instargram、Foursquare、博客以及其他渠道上有着精力充沛的形象。既然我赞扬公司在社交媒体上的积极回应,我想至少我应该对自己在社交渠道收到的所有问题和评论进行回应。不可否认,这也变得越来越困难了,因为我的社交圈子越来越大(现在我有超过 5 万名 Twitter 的

关注者），但回答人们的问题给我的公司带来了很多机遇，也成就了我言行一致的个人形象。另外，我想如果有人可以把问题保持在140字以内，那么我也可以把答案控制在140字以内。

这一努力在2012年2月受到了考验。当时我在媒体酒馆（Media Bistro）主持一个在线研讨会（通过网络举行的研讨会），向大约50名学生讲授一门关于社交媒体营销的入门课程。我用平常结束演讲的方式结束了那个在线研讨会，我告诉学生们如果有任何问题，随时都可以在Twitter上联系我。

一个星期之后，有一天早上7点我收到了一个朋友发来的邮件，内容是："恭喜你上《纽约时报》了！"

"《纽约时报》？"我觉得很奇怪。我想不起来近期接受过什么采访，或是说了什么值得上报的言论。我急忙打开《纽约时报》的网页去找关于我的报道。事实是，当时我不知道，但《纽约时报》的编辑詹妮弗·普雷斯顿（Jennifer Preston）一直在观看那个在线研讨会，她当时正好要写一篇关于社交媒体教育的报道。她在文中是这么说的：

> 第一个会议结束以后，来自众爱公司的柯本先生邀请学生们在Twitter上关注他，并说他们课后有任何问题都可以问他……他强调说："在Twitter上问我问题没有时间限制。"
>
> "时间限制就是我们这辈子剩余的时间。"他说。

结果那天我在Twitter上收到了900多个问题，当然，我必须对每一个问题进行回复。对于这个免费的宣传，我都不知道该笑还是该哭了。然而，几个星期之后，我遇到了当时写这篇文章的《纽约时报》编辑，我们很愉快地谈论了此事。事实证明，我大胆的发言和花费在回答这900条Twitter上的时间绝对是值得的，这让我与世界上最重要的出版物之一的一位编辑建立了良好的关系。

07
未来十年的企业互联网变形计

现在，请尽情地考验我吧：在 Tweet.com/daveKerpen 向我发问吧。对于你花费的时间和你对问题的思考，我深感荣幸，而且我会尽最大的努力，积极地回应你。

有积极的回复，就有丰厚的回报

吉米·约翰三明治（Jimmy John's）是美国西南部的一家三明治外送连锁店，他们承诺服务会"惊人地快"。从三明治的制作者到公司的行政人员，再到社交媒体，吉米·约翰三明治的团队成员很明显都保持着开心、轻松的态度。不论你是在 Twitter 上提到吉米·约翰三明治，还是亲自去店里买东西，你都能听到他们说"最近怎么样啊，伙计？"或者是"嗨，兄弟！"当涉及通过社交媒体渠道传递企业文化的时候，吉米·约翰三明治做得很好。

吉米·约翰三明治的团队成员听起来有一点像是在网上冲浪，除了这一点，他们还从上至下制定了一套坚定的价值体系，不管是在网上还是线下。他们相信可以通过自己的三明治传递价值观，以及做一切可能的事来确保顾客每次来到吉米·约翰三明治店的时候都有一次愉快的经历。他们在网站上询问大家："愉快的经历？还是糟糕的经历？我们想知道。"如果顾客连续选择糟糕的经历，吉米·约翰的店就会评估那个问题，并把它解决掉，就这么简单。

作为一个活跃在社交媒体上的流行品牌，吉米·约翰的店会收到很多 Twitter 和 Facebook 的帖子。不管是表扬的还是批评的，它都会回应。然而，吉米·约翰三明治比通常使用的"很抱歉听到那样的事情"或"谢谢"更进一步。如果有问题出现，吉米·约翰三明治的团队成员就会努力解决问题。问题并不总是可以快速解决，但一直都会让顾客开心（至少是没那么生气）。如果有顾客发给吉米·约翰三明治的 Twitter 消息都是表扬的话，这个团队不会只说谢谢，他们还会转发这条消息，与所有的关注者一起分享。吉米·约翰三明治中和负面的观点，放大正面的观点的做法已经收到了回报——吉米·约翰三明治现在因其网上及线下卓越的客户服务而出名，也实现了每年 120 万美元的营业额。

从本质上来说，积极回应的商业价值观是顾客不满情绪的中和剂，这样就可以保留业务；也是顾客愉快心情的兴奋剂，这样就能增加业务。回应恨你的人，这样就能把他们转变成爱你的人。回应爱你的人，这样他们就会更爱你。

商业领域中最重要的四个字

商业领域中四个最重要的字就是"抱歉"和"谢谢"。"抱歉"在商业领域有着惊人的力量，在日常生活中也是如此。"抱歉"能让人们知道你听到了他们的意见，你关心他们，而且你感到很难过。不管之前你有多气愤，但当有人对你说"抱歉"、认可你的感觉的时候，作为一个消费者，你就会感觉好一点。尽管企业律师不喜欢在文件中加入"抱歉"，但在化解问题方面，它真的很有效。让我们来看一看图 7—3 所示的屏幕截图。通过泰勒（Taylor）发表在恩滕曼家（Entenmann's）Facebook 的主要留言，我们可以看出，她很快就从气愤变为提醒自己以及全世界她有多爱恩滕曼家的其他产品，基本上全都是因为那两个重要的字。

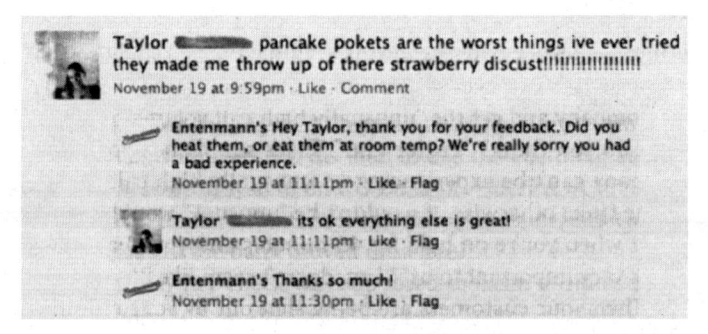

图 7—3　泰勒的留言

07
未来十年的企业互联网变形计

如果"抱歉"可以有力地化解顾客的愤怒,那么"谢谢"在认可顾客的积极情绪方面就更重要了。这两个简单的字,能让人们知道你听到了他们的意见,你关心他们,而且你感激他们。不仅仅是不满的顾客,每一位开心的顾客都值得你去回应。不论是当面说的"谢谢",还是电话里的,或者是通过社交媒体表达的感谢,都能告诉人们他们很重要,也能激励他们继续向他们的朋友宣传你。

不回应的后果

如果你不回应一个顾客,会有什么样的后果呢?你会失去那个顾客。如果你不回应很多顾客,会有什么样的后果呢?你会失去很多顾客。

事情到最后都会出错,这是宇宙的本质。问题不是事情什么时候会出错,而是当事情出错的时候,公司无动于衷,没有回应,也没有改正。当你不回应的时候,你所传达的信息就是你不关心自己的顾客,而他们能够清清楚楚地听到这一信息。

回应意味着不会让一个顾客等待25分钟,回应意味着雇用合适的员工,这样你就能有回应每个人的资源。当你给大公司打电话听到忙音的提示时,你会怎么想?这是不可能的:一个公司不可能一直都处在异常电话高峰期;否则,就不会叫"异常"了,对不对?当你的电话45分钟没有人接听,然后你听到"您的电话对我们来说很重要"的时候,你又会怎么想呢?哎,好像没那么重要吧!

如果顾客被你的公司拒之门外,而这时你的竞争对手愿意倾听顾客的心声,并十分积极地做出了回应,你觉得从现在开始,你的顾客会支持谁家的生意呢?人们忍受不了别人的不尊重,也忍受不了浪费自己的宝贵时间。总会有个极限,然后你就会永远地失去他们。请记住,不回应也是一种回应。这种回应告诉大家的是:"我们不关心。"

美洲银行失去的不仅仅是一位顾客

我的创作调查团队成员之一瓦尔说,她最近经历了有生以来最糟糕的一次客服。为了加入我们的团队,瓦尔2012年1月搬到了纽约。她来自得克萨斯,所以这是一次远距离的搬家。搞明白在纽约生活重要且必须了解的事情之后——比如乘哪辆火车,谁家的百吉饼最好吃,瓦尔觉得是时候去开办一个新的银行账户了。"我原来的那家银行只在美国西南部有分行,所以我觉得那样会带来一些不便,"瓦尔对我说,"当然,我现在算是对'不便'有了全新的理解了!"

瓦尔决定在美洲银行开设新的账户。离众爱公司纽约办公室很近的地方就有一家他们的分行,所以她觉得如果有事需要去银行的话,应该不会很麻烦。"开设账户的时候,一切都很顺利。"她说,"我进去之前等了大概10分钟,但他们给了我一张当天可以使用的临时银行卡。在我存入了第一笔薪水的时候事情才开始变得糟糕。"瓦尔解释说当她存钱的时候,收据上显示她有一部分现款即刻就可以使用。她决定先用那些现款提前把房租交了,这样就不用操心房租的事情了。第二天早上她查看账户的时候,却发现账户透支了。瓦尔感到非常困惑,于是她决定使用美洲银行网站上的客户服务即时消息系统。但是网上的服务根本没有用,她又打了三次客服电话,还亲自去了银行两趟,但是都没有一点帮助。

在她的账单应该显示还清的那天,却没有这么显示。她受够了,所以她向社交媒体求助了。她在Twitter发了条状态"史上最烂客服奖获奖者是美洲银行(@BofA_Help)",并让她的朋友和关注者都转发这条消息。他们中的一些人成功地完成了任务,美洲银行的社交媒体团队遭到了围攻,人们纷纷在Twitter上说他们有多烂。

"我猜他们肯定被很多人骂了,"瓦尔说,"他们在Twitter上回复了我,还向我提供了帮助。考虑到他们银行其他客服团队的无用,这真是让我觉得很吃惊。"

07
未来十年的企业互联网变形计

第二天早上，钱是到账了，但是伤害也已经造成了。瓦尔关闭了她的账户。她还想确保她的朋友、她的关注者，以及关注者的关注者们永远不要再经历她所经历的了。她写了两篇博客，在 Facebook 上发了一些状态，还发了一条消息，这些都在她的朋友圈里重复出现，目的就是告诉其他人不需要再与美洲银行打交道了，也不需要再来忍受他们糟糕的客户服务了。

老话说得好，如果一个人有了一次愉快的经历，他们就会把这段经历告诉 1 个朋友，但如果一个人有了一次不愉快的经历，他们就会把这段经历告诉 5 个朋友。在今天的数字时代，那 5 个朋友会变成 500 个，甚至是 5 000 个。美洲银行失去瓦尔的时候，他们只失去了 1 个客户，但当她把自己的故事讲给别人的时候，美洲银行失去的则是 100 多个客户。

互联网思维启示录

积极回应
Likeable Business
Why Today's Consumers Demand More and How Leaders Can Deliver

还记得公司曾经使用的留言簿吗？这些留言簿可以让顾客写下他们的赞扬或抱怨。留言簿在今天变成了社交媒体，向消费者们寻求反馈。作为一名企业领导者，你可能会觉得这很恐怖：过去你曾努力控制自己的公众形象，但现在，任何人都可能通过一条小小的消息留言使你的名声毁于一旦。你可能想要无视收到的负面评论，甚至删掉它们，但是在社交媒体上忽视一位顾客就像是让他们等着电话，而且永远也接不通。就像是挂掉了顾客的电话——这只会造成更糟糕的结果，因为数百万人都在看着。删掉留言、帖子或评论就像是当着顾客的面将留言簿撕掉。一旦你开始接受甚至是欣然接受负面回馈了，你就可以制订一项计划去回复所有的负面评论。

社交网络上的回复速度总是很具有挑战性。你要站在顾客的角度思考问题：如果你在 Facebook 网、Twitter

或者尖叫网站上抱怨了一段糟糕的经历，你是希望下个星期才得到回复，还是希望下个小时就有回复呢？事实是，你对顾客回应得越快越好。如果你是一位艺术品经销商，那么你可能就不需要在深夜回复Facebook上的帖子。但是，如果你是航空公司的老板，你可能就需要深夜回复了。总体来说，你拖延回复的时间越长，你就会陷入越不利的处境。但是，向顾客以及向更重要的、看着你的全世界展示你很在乎他们，永远也不会太晚。

社交媒体是我们这个时代的强大的均衡器，它能让所有人都有发言权。当今的公司别无选择，他们只有倾听，并做出积极的回应。深得人心的公司会系统地回复每一位拥有发言权的顾客。

行动清单

1. 开发一个包括回馈在内的系统，并且允许顾客在公司里拥有发言权。
2. 列出五种可以回应负面回馈的方法，并积极地用它来提升你公司的业务。
3. 对可用的资源以及可以在多种交流渠道高效回复的系统进行清点，这些渠道包括：Facebook、Twitter、电子邮件、电话，是的，甚至还包括普通邮件。

07
未来十年的企业互联网变形计

积极回应之道

也许表面上不是这样，但当你什么也不说的时候，你却是在表达很多意思。无视一个问题并不会让那个问题消失。你不可能用手捂住耳朵，然后说："我听不到你了！"，却还期待着事情朝好的方向发展。的确，负面的反馈可能最后会减少，但你不可能解决所有的事，也不可能利用这样的机会把一位怒气冲冲的消费者转变为满意的、忠实的顾客。积极回应同事和顾客——不论是在社交网站上、在网上、在电话里，还是当面——并让他们知道他们的意见很有价值。

| 互联网新思维 |

互联网变形计 2　　始终保持激情，把工作当成事业

完成伟大工作的唯一方法就是热爱你的工作。

史蒂夫·乔布斯

2006年秋天，我的工作是推销"用力咀嚼"（Crunch'nMunch）。第一天晚上，我就赚了15美元。在波士顿大学读书的时候，我曾经在芬威球场和波士顿花园球场（那时候叫做舰队中心球馆）做过小贩。我拿着小吃，来来回回地沿着走廊贩卖我的产品。大多数人不知道的是小贩们赚的钱只是回扣和小费——他们卖出的东西越多，才能赚得越多。第一天，因为我是新来的，也是最没有资历的人，所以我被分配到的产品是"用力咀嚼"。我总共卖出了12盒，赚到了法定最低工资，15美元。

那天晚上晚些时候，我觉得既然在比赛现场很有趣，那我至少要通过兜售"用力咀嚼"让自己过上像样的生活。于是第二天，我在工作中投入了更多的激情——我有时候会唱歌，有时候会跳舞，有时候会大喊，总之一直都表现得很热情。结果我卖出了36盒，是第一晚的3倍。在那周接下来的时间里，我更加努力了。其实，我很清楚自己一点儿表演天分都没有。我唯一拥有的就是激情，或许还有无畏。每天晚上，我都会用尽全身力气大喊大叫，希望把人们的注意力从球赛吸引到我所兜售的花生奶油太妃爆米花上来（见图7—4）。

激情是有所回报的。不到几个星期的时间，我已经塑造出了自己的形

07
未来十年的企业互联网变形计

象——"卖用力咀嚼的家伙",而且有很多常客开始注意到我了。场馆内的摄像师很喜欢我的风格,于是在中场休息的时候,将我可笑的舞蹈在巨型屏幕上进行特写。在《波士顿先驱报》第一次对我进行报道之后,粉丝们开始让我在"用力咀嚼"的盒子上给他们签名。

图7—4 对"用力咀嚼"的激情

资料来源:戴夫·柯本

在接下来的三年里,我成为《波士顿先驱报》《波士顿环球时报》《波士顿杂志》、福克斯新英格兰体育频道、娱乐与体育节目电视网等其他数十家新闻媒体的专题报道人物。而且,我卖出了更多"用力咀嚼"。在巅峰时候,每场比赛我能卖出250盒~300盒"用力咀嚼",回扣和小费加在一起,我一个晚上能赚到400美元~500美元——这对于一个大学生来说已经是非常好的收入了。那时的我,没有一点儿天赋,却可以利用我的激情来推销产品。

2011年,管理顾问理查德·怀特利(Richard Whiteley)甚至在他的书

《热爱你的工作》(Love the Work You're With)中写道:"就像戴夫·柯本一样,我们可以打破自身以及外部施加给我们的压力,找到方法迅速释放我们的激情,然后投入到我们所做的任何工作中。"我可以再次向你保证,我非常确定这是一个激情战胜天赋的例子,但我从来也没有忘记那是多么的强有力。

多年之后,我成为众爱公司的首席执行官。我不需要通过一大帮公司员工来回跑着大叫大唱来招揽生意,但我确实需要有心的人们——那些投入百分之一百一的精力到工作中的人;那些不认为自己在完成一份工作而是在经营一份事业的人;那些真正热爱自己的工作的人;那些有激情的人。这就是我们把激情作为众爱公司的核心价值观之一的原因。

为企业使命注入激情

本·科恩和杰瑞·格林菲尔德一直都对世界和平充满着激情,当他们决定要一起创办公司的时候,他们把激情转变为了一种使命。他们坚定地相信自己的公司不需要利用任何人来获得成功,而且他们可以在回报社会的同时赚取适当的利润。这一信念转化成了一种伟大产品的诞生,而且深受人们的喜爱。他们的公司——班杰瑞冰激凌公司,现在是一个蓬勃发展的国际知名冰激凌品牌,而且这一团队在几十年之后仍然保持着初创时的激情。

肖恩·格林菲尔德(Sean Greenfeld)是班杰瑞冰激凌公司的公关经理,他将公司的激情归功于员工对于班杰瑞冰激凌公司使命宣言的奉献。公司的使命宣言由三部分组成:社会部分、产品部分、经济部分,每一部分都为公司的持续发展提供了灵感。他们公司的网站上有这么一句话:"在班与杰瑞冰激凌公司的使命激励之下,他们在充分尊重公司内部、外部的个体以及他们所在的社区的同时,追求新的、有创造性的方法,以表示完成这三个部分的决心。"

从最高层的管理者到冰激凌售货员,每一位班杰瑞冰激凌公司的员工都希望尽自己的最大努力来帮助公司实现它的使命。"激情很重要,"肖恩对我说,"没有激情,工作就会变得平淡无趣。仅仅为了卖冰激凌而卖冰激凌会让人觉得很空虚。作为一个公司,我们有自己支持的事业和事件,而且我们为每个人提供支持某一事业的途径。我们都要谋生,但是如果谋生的方式能让我们帮助社会,这就能让人们对自己所做的事情感觉更加良好。在班与杰瑞冰激凌公司工作的一个很大的'副作用'就是,可以让你拥有充满激情地工作的能力。"

但班杰瑞冰激凌公司这个有着数千名员工的国际公司,是如何让那些员工都能为使命而献身的呢?通过两件事:创新和建立联系。

如果你熟悉班杰瑞冰激凌公司,你可能就会注意到他们一直都在开发新的产品。那些几乎无穷无尽的口味组合为班杰瑞冰激凌公司提供了一个创新和不断尝试新鲜事物的途径。但班杰瑞冰激凌公司并没有把创新局限在产品的生产上,这个团队还不断地想出新的社会倡议,这就是为什么需要建立联系。社会使命部门会对班杰瑞冰激凌公司的员工进行调查,以此来了解对他们来说最重要的问题。然后这一部门利用调查的结果以及其他研究来决定公司应该支持什么慈善或社会事业。班杰瑞冰激凌公司还向员工保证五天带薪休假的时间,让他们为自己支持的组织或事业做志愿者。因为员工在公司的决策中拥有发言权和影响力,所以他们能感觉到与公司有着更强烈的联系。

使命所需要的激情让每一位员工都能如此轻松地工作。如果员工首先对整体的使命产生了激情,那么他们就会对包装或销售冰激凌产生激情。

发现并发挥激情的力量

激情对你的成功来说是至关重要的。它能使你精力充沛,认准目标,集中精力关注你的工作。它能使你完成所做的事情,并为你的工作提供价值和意义。它能让一份工作变得不仅仅是一份工作,而是一生的事业。

当霍华德·舒尔茨(Howard Schultz)在意大利出差的时候,他在一家浓缩咖啡店里偶然发现了自己的激情:"品味咖啡这么一件简单的事情就可以将人们联系在一起,并在他们之间建立起集体感,我被这种力量深深地吸引了。从那一刻起,我便决定要把世界顶级的咖啡以及意大利浓缩咖啡吧的浪漫带回美国。"舒尔茨将这一想法告诉了星巴克的高层,但他们最终却否决了他的提议。于是他创办了自己的咖啡店,最后终于买下了星巴克的全部股权,并实现了梦想。

  舒尔茨的成功可以归因于他对咖啡的这份深深的激情,这种激情已经传递给了星巴克的每一位咖啡师和每一位忠实的顾客。在舒尔茨买下星巴克之前,美国消费者对咖啡并没有多少热情。但是有了他坚定的激情,舒尔茨成功地激励了数千位员工和消费者熟悉并爱上了那些豆子、那款饮料,以及享用一杯咖啡时的那种完美的体验。

  舒尔茨在他走进那家意大利浓缩咖啡吧的一瞬间发现了他的激情。很多人就没有那么幸运了,他们到现在还在寻找人生的目标。

  但不管你处在人生的哪个阶段,发现事业上的激情永远不会太晚,也不会太早。这对很多人来说不是一件容易的事,所以如果你也在这些人之中,你就应该考虑放下这本书,抽出一点时间来进行真正的反思,并努力发现自己的激情了。毕竟,生活并不仅仅是经营一家深得人心的公司,还要为你自己以及你的家人打造充满意义的生活。除了充满激情地生活,我想不出有什么更重要的事了。

  激情并不是工作自带的,它是在人们身上发现的。要想发现激情,你必须深入地了解自己,找到什么事能给你带来动力,什么事能吸引你的兴趣。它是你生活的理由,是你灵魂的核心。知道自己的兴趣可以帮助你发展公司并取得成功,它能给你的工作带来重点和目标。不论你多大年纪,有着什么样的经历,如果你还没有发现自己的激情,那么我强烈推荐你读一读《你的降落伞是什么颜色》(*What Color is Your Parachute?*)这本书,它能帮助你找到你将会爱上的工作。

07
未来十年的企业互联网变形计

用激情感染你的客户

史蒂夫·费尔德曼（Steve Feldman）是私人补习学校（Private Prep）的创始人兼教务主任，这个家教服务机构向幼儿园到12年级的学生提供特殊的课程和标准化的测验辅导。在史蒂夫小时候，他的妈妈是一位数学老师，同时也是很受欢迎的数学家教。史蒂夫上高中的时候，数学非常好，于是便和妈妈一起从事家教工作。到了大学，他会在夏天及时地赶回家，为的是赶在高中的期末考试之前对学生进行辅导。

史蒂夫大学毕业之后搬到了纽约，并找了一份与金融相关的工作，因为他知道教学这个职业无法轻松地养家糊口。但他很快就发现自己的心思并没有在这份工作上，他也开始怀念教数学和帮助他人的时光。所以他开始在下班之后做家教，并很快就小有名气。当他的客户多得自己忙不过来的时候，史蒂夫就招聘自己的朋友来帮忙。

2006年夏天，当史蒂夫意识到自己对于教学的激情可以发展为一份事业的时候，他辞掉了原先的工作，并于秋天创立了私人补习学校。三年之后，充满激情的史蒂夫拥有了自己的公司，每年的收入能达到一百万美元。

你需要尝试新鲜事物，找到什么事能给你带来动力，什么事能督促你前进，什么事能为你提供能量，什么事能使你感到激动——不仅是在工作中，而且包括生活中。一旦你真的找到了自己的激情，你就要引燃它。

史蒂夫对于那些并不热爱自己工作的人们有一条简单的建议："那就离开吧，"他说，"跟随你的激情，以及你真正热爱的事情找到工作的动力，如果你热爱自己所做的事，那么你一辈子都不算是在工作。"史蒂夫又对他的话进行了修改："那也不全是正确的。但当你没有期待的时候，你永远也不会去工作。当你享受自己的工作时，你的生活会更加开心。找到那些让你激动的事情，让你开心的事情。当你找到那些事情之后，你就能变得更加成功。人们需要依靠那些能量和激情，而这也能让生活变得更美好。"

当史蒂夫开始雇用老师的时候，他会问学生们喜欢他作为家教的哪一点，以及他应该期待应聘者具备哪些品质。学生们的回答是这样的："我知道你很关心我们。如果我来见你的时候还没有完成作业，我会有种很糟糕的感觉。"所以当史蒂夫招聘老师的时候，他做的第一件事就是寻找那些真正关心学生的人。他注意到优秀的家教会给学生留下很深的印象，因为学生能意识到家教是多么热情地想要帮助他们。如果家教对学生倾注心血，那么学生也会对他们自己倾注心血。

史蒂夫说学生们经常寄来信件和发来电子邮件感谢他和家教们，告诉他们自己在一次测验中得了 A，或者是被录取到了顶尖的大学。他们的激情还意味着无须费力推销自己的服务，因为他们的服务能为自己代言。"如果激情是真实的，并且来自诚实的内心，那么你就不需要说服别人去相信它了，"史蒂夫说，"人们能感受到你的激情，并希望成为其中的一部分。"总之，激情是具有感染力的，它能影响他所招聘的家教们。当然，对你所做的事充满激情还有助于让工作变得更加舒心（见图 7—5）。

最重要的事情就是你的激情要是真实的，因为你无法伪造激情。人们会与诚实的人产生共鸣。在私人补习学校，学生们能够看出老师是不是真的对他们所做的事充满激情。史蒂夫说，当和学生一起的时候，你必须要保持真实，当你展示出激情并真的关心学生的时候，那就会显现出来。当学生们知道老师真的很关心他们的时候，他们就会为了成功付出更大的心血。

激情和情绪是有感染力的，它能激励每一位学生和老师作出更大的努力。同样的道理也适用于其他任何行业：当员工们知道他们的经理和领导真正关心他们，并希望看到他们成功的时候，他们就会更自觉地为公司作出更大的贡献。激情可以成就或者击垮一个小型企业的所有者。如果你对自己的公司和为顾客解决问题充满激情，那种激情就会具有感染力。如果你没有激情，好吧，那也会具有感染力。

图 7—5　私人补习学校的老师们对教学的激情

资料来源：史蒂夫·费尔德曼

为你的产品和服务注入激情

1996 年，彼得·范·斯托尔克（Peter van Stolk）想要为饮料行业注入一些新鲜的血液。他觉得是时候引入一些新的产品来替代标准的可乐和酸柠檬口味的碳酸饮料了，于是，"颠覆"以琼斯苏打（Jones Soda）的方式诞生了。

公司通过与志趣相投、思维独特、同样在边缘并充满激情的消费者产生了共鸣，发展了一批忠实的追随者。这种苏打水开始在冲浪店和音乐商店出现，只对"知情人士"出售，他们是那些与这一品牌有联系、并像公司那样热爱它的独特性的人们。

无可避免的是，消息传播开来了，琼斯苏打的迅速发展使它摆脱了"小型企业"的头衔。2011 年，公司实现了超过 1 200 万美元的营业额。那么，这个年轻的、充满颠覆精神的公司在其进入主流的同时，是如何保持自己的灵感、激情和优势的呢？答案就是它将自己的品牌交给品牌的热爱者来管理了。

你可以看看他们的瓶子：除了商标和基本的布局之外，每一个琼斯苏打标签上的主要人物都是它的团队成员拍摄的照片——有的是滑冰的人，有的是朋友们，有的是艺术，还有的是生活（见图7—6）。"如果把你的照片放在你热爱的东西上面，"彼得说，"不管那是什么东西——琼斯苏打的瓶子上——你就真的会去关心，因为那是你的照片，不是我的。"收集到的总共4万张照片组成了一幅拼贴画，这是公司要向真正热爱他们产品的真实的人们所展示的东西。

图7—6　琼斯苏打充满激情的粉丝群

资料来源：克里夫·塞巴斯蒂安（Cliff Sebastian）

"一家苏打水公司仅仅意味着一种碳酸软饮料，或者是有糖和气泡的饮料。"彼得说，"我认为琼斯苏打有更多的含义。"

激情能创立品牌社团，他们是为公司做宣传的忠实的顾客团体。找到那些充满激情的人们，找到那些可能热爱你的产品的人们，然后给他们一

07
未来十年的企业互联网变形计

个热爱的理由。点燃他们的激情之火,找到那些可能相信你的产品的人们,然后给他们一个相信的理由。

作为一个商界的领导者,你必须要相信自己的产品和公司,因为如果你都不相信的话,你的顾客和员工怎么会相信呢?更重要的是,你必须要相信并践行自己的使命,而且你的使命不能是挣很多钱。如果你的驱动力不是激情而是金钱的话,你是无法拥有一家成功的公司的。

2011年,Facebook 的收入达到了 37 亿美元,在 2012 年 5 月的首次公开发行中,首席执行官马克·扎克伯格立刻就身价超过 170 亿美元了。它的股票在之后暴跌,而且很多人都在质疑 Facebook 网到底值多少钱。但这个穿着连帽衫和牛仔裤的 27 岁的年轻人一点都不关心钱的问题,扎克伯格关心的是 Facebook 网的使命。

在首次公开发行的文档中,有一封扎克伯格写给股东的信,信中写道:"Facebook 网最初创立的时候不是为了发展为一个公司。它的创立是为了完成一个社会使命:让这个世界更加开放,让人与人之间联系得更加紧密。"2004 年,当扎克伯格在哈佛大学的宿舍里启动 Facebook 网的时候,他并没有想到要创立一家公司。事实上,他曾经通过即时消息告诉过一个朋友:"哎,我都不懂商业上的东西。能让事情变得很酷我就很满意了。"

直到搬去硅谷以后,扎克伯格还一直保持着那份激情,他仍然没有注意到他将要建立一个公司的事实。对他来说,重要的就是继续为他所相信的项目而努力。正如他曾经说的那样:"如果你开始建立什么东西……它就会变得很难,而且你会遇到很多挑战。如果你不是完全热爱并相信你所做的事情,到最后最理智的做法就是停下来,或者屈服于一些挑战。"Facebook 不会雇用那些不热爱、或者不相信自己所做的事情的人。公司寻找的是对一些事情或任何事情有足够激情的人们,足够让他们表现出充分利用这份激情的主动性,公司寻找的也是能够独立创造、以对工作的热爱为驱动力的人们。

在上述那封给股东的信中,扎克伯格将Facebook网以使命为驱动的目标解释得很清楚:"我们不是通过建立服务来赚钱。我们是通过钱来建立更好的服务。"Facebook网的首席执行官对于盈利或者掌控世界没有激情,让他充满激情的是"创造一些很酷的事情",那些可以连接世界的事情。他对于那份使命的高度关注是Facebook网取得巨大成功的驱动力。不要让你公司的使命变得目光短浅,不要对你所做的事情失去热爱,也不要失去那曾经点燃你公司之火的火花。正如史蒂夫·乔布斯曾经给出的建议:"求知若渴,虚心若愚。"(Sray hungry. Stay foolish)就像初创企业那样。保持灵感,保持激情。

奥巴马的总统竞选:将激情转化为成功的竞选

2008年的总统大选是一场旋风式的变化和媒体闪电战。当时美国经济陷入了低迷,人民的情绪高涨,整个国家呈现出一片混乱的状态。初选结束以后,局势变得明朗起来,伊利诺伊州一个名叫巴拉克·奥巴马的参议员成为民主党的领跑者。奥巴马到美国的各个地方进行有关希望、承诺和变化的演讲。他拥有共和党候选人所没有的激情,正是这份激情点燃了数百万美国人民的热情,鼓励他们为他的竞选捐款并做志愿者。在争取年轻选民的时候,他对于改变美国的激情在社交媒体上传播开来,这点燃了年轻选民对于政治和投票的激情。原本毫无希望的候选资格也变成真正的可能了。

在最后竞选的那天晚上,美国人看着一个又一个州在美国地图上变成蓝色或者红色。最后的结果传来,巴拉克·奥巴马成为美国的第44任总统,也是历史上的第一位非洲裔黑人总统。推动竞选成功的并不是他的政策或者想法,而是他的激情。奥巴马对于竞选和国家未来的那份具有感染力的激情,通过他激情澎湃的演讲和雄心勃勃的远见传递给了全国的选民,即使是共和党人也会认同奥巴马为政治中的激情设定了标准。

视觉上的激情最有效果,尤其是当观众能看到从你的面部和身体语言流露出的激情的时候。大规模地传递激情意味着你要在场,即便不是亲自

07
未来十年的企业互联网变形计

到场。比如，首席执行官们会在每周开始工作之前，通过视频或团队私下会议面向员工发表演讲。如果说奥巴马2008年的总统竞选教会了我们什么，那一定是：激情可以大规模地传播给多得令人难以置信的人。如果一个参议员可以将自己的激情转化为成功的竞选，那么一个商界领袖也一定能利用它来创建起一个蓬勃发展的公司。

将激情传递下去

大卫·赫尔姆斯（David Holmes）是西南航空公司的一位空乘人员，该航空公司以拥有有趣、精力充沛的工作人员、幽默感和以及致力于将飞行变成独特的、享受的体验的努力而闻名。大卫身上完全体现出了西南航空作为一个公司所代表的意义。乘客登机的时候，他总会对他们灿烂地微笑，欢迎他们乘坐本次航班。等到所有的乘客都登机并就坐完毕，真正有趣的事情才刚刚开始。

"我今天已经飞了五趟了，所以没有办法再说那些常规的、无聊的广播了。"大卫这么告诉乘客，"否则我就要去睡觉了。"然后他会请乘客们通过跺脚和拍手设定一个节奏。一旦乘客们找到了节奏，大卫就会用说唱的方式广播起飞前的指示，从饮料的选择到起飞的流程。当大卫结束他的"广播"时，到处都是灿烂的笑容，还有乘客们的阵阵掌声。

大卫并不总是用说唱的方式广播飞行过程中的指示，正如他在接受《华尔街日报》（*Wall Street Journal*）接受采访时所说的，"我不会在早上6点钟的航班上那样做，"他说，"没有人愿意在那个时间听到说唱。我如果早上6点钟那样做的话，就有可能被人揍一顿。"当然，大卫完全不必用说唱的方式对指示进行广播，那并不在员工手册里面。他那么做是因为他喜欢那种感觉，而且可以让乘客们开心一笑。乘客立刻就能看到大卫对工作的激情，而且这出乎意料的惊喜还能为西南航空公司的飞行体验增添很多价值。

大卫并不是西南航空公司唯一一个充满激情的员工。西南航空公司在所有的航空公司中有着最高的员工留存率，只有 4% 的流动率。另外，西南航空公司从来没有进行过大规模的裁员。尽管西南航空公司的机票价格一直很低，但它是 1973 年以来唯一一个持续盈利的航空公司。西南航空公司在客户服务方面排名很高，而这也表现在顾客的忠诚度上。乘坐过西南航空公司航班的人们一直都能享受到充满激情的员工为他们提供的顶尖客户服务，所以他们会再回来享受更多的服务。

找到那些对公司和工作充满激情的员工

激情具有感染力，能让你周围每一个受感染的人都加入进来。你公司里的每一个人都能成为营销人员，如果一个工程师或其他非营销人员谈到了他们有多爱你们的产品或公司，而有人无意中听到了他们的谈话，那就有可能会带来新的业务，所以要找到正确的人才是最重要的。在众爱公司里，我宁愿要一个对我们的工作充满激情的员工，也不愿要一个更聪明、但是没有激情的人。真正优秀的员工和商界领导是以创造有价值的、伟大的工作为动力的，而不是以赚钱为目的。

营造一个让人们愿意、能够也必须实施使命的环境。充满激情的员工每天都会进行自我激励，并做好准备去做伟大的工作。当知道你员工里的某些人对他们所做的工作没有激情的时候，你就要立刻扑灭那个闪烁的火焰，缺乏激情是一种具有渗透性的病毒。

在众爱公司近期的一次管理层休息会中，我们的董事长嘉莉让每一位经理说出他们在公司里的梦想职位。我们在会议室里走了一圈，每个人都分享了自己的梦想。绝大多数人都说他们现在就处在梦想的职位上（我们太幸运了！），但也有一些人说他们梦想中的工作和现在在公司的职位有些不同。有一个人在描述自己理想职位的时候明显缺乏热情。

"这是你描述梦想工作的机会，"嘉莉说，"为什么不激动呢？"

"呃，这也只是一份工作而已啊。"她回答说。

07
未来十年的企业互联网变形计

我和嘉莉一听到那些话，就知道她并没有我们每一位员工都需要的对公司的激情。不过那也没关系。很多经理和公司老板都纠结于这一问题。他们没有放走那些缺乏激情的员工，而是徒劳地想要点燃他们的激情。相反，我们可以帮助这些员工在其他地方找到他们的激情。我给了这个缺乏激情的员工一本《你的降落伞是什么颜色》，并设计了一个计划来帮助她找到其他工作，一个"不仅仅是工作"的工作。

我真的相信"那只是一份工作"这几个字永远也没有必要出现，因为这个世界上的每一个公司，或许甚至是每一份工作，都会有人对之充满了激情。从棒球场的小贩到空乘人员，再到高级管理者，从财富500强公司到初创企业，从全球性的非营利组织到微小的政府机构，每个人都有适合的职位。我们作为领导者的工作，就是要找到那些对公司和工作充满激情的人们——当找到的那些人没有激情时，我们就应该帮助他们在其他地方找到激情。这不仅对我们的公司来说是最好的选择，对那些有问题的员工来说也是如此。

找回失去的激情

1992年，论坛公司（Forum Corporation）的创始人兼副主席理查德·怀特利（Richard Whiteley）发现他的激情正在逐渐减少。对他来说，管理其他人曾经是件很兴奋的事，但现在他觉得是一种负担。于是他决定对自己工作的各个方面进行一次评估，他列出了喜欢的方面——营销、指导、写作、公共演说，以及不喜欢的方面——预算、管理、参加会议。在完成这项工作以后，他作出了一些改变，多做喜欢的事情，少做不喜欢的事情，目的是找到工作的平衡点并使自己重燃激情。最终，他放弃了部门总裁的职位，把在公司的时间缩短了一半，结果自然是工资减少了一半。但这种权衡使得理查德有更多的时间来做自己真正喜欢做的事，也重新找回了他的激情。

有的时候就是没有激情了，或者它开始随着时间的推移而消退了。如果你是一个商界的领导，或许你已经失去了最初的火花，或许你的员工已经被日常的工作压垮了，他们的心已经不在那里了。

每个人都会被一些事情所激励。也许那并不是存在于工作中的因素，如金钱、经历或者是责任，但找出那件事情，就会打开激情之门。多做那些你热爱的事情，少做那些不喜欢做的事情，为你的激情扫清障碍。

企业失去激情会怎样

史蒂夫·乔布斯不仅对技术充满了激情，而且渴望通过技术让这个世界变得更美好。1983年，他说服约翰·斯卡利（John Sculley）离开百事可乐，来出任苹果公司的首席执行官，他说："你是想一辈子卖糖水呢？还是想和我一起干改变世界的大事业呢？"讽刺的是，正是与斯卡利的争执导致史蒂夫被苹果公司的董事会解雇了。斯卡利在1985年~1997年间任命了一系列的首席执行官，但他们都缺少史蒂夫的远见和他对苹果公司的热爱。当一位首席执行官热爱他的公司以及公司所做的事情时，这就会变得很明显，也能激励整个公司并使顾客相信公司。

当史蒂夫重新加入苹果公司的时候，他把公司从破产的边缘拯救了回来，恢复了品牌的活力，也使得苹果成为今天这样一个极其多产的品牌。现在，这个品牌得到了消费者的支持和激情。（事实上，有研究表明消费者真的爱上了他们的苹果手机，他们分泌的荷尔蒙和恋爱的时候是一样的。）只有当领导者充满激情地为公司而奋斗的时候，才能取得这样的成功。如果他们都不热爱自己的公司，那么其他人为什么要热爱呢？

2011年秋天，雅虎的前任首席执行官卡罗尔·巴茨（Carol Bartz）令人吃惊地被公司解雇了。她对开除电话的臭名昭著的愤怒回应，及其对媒体详细描述这一事件时的态度，比她对领导公司更有激情，而这正是问题所在。巴茨的失败是因为她对雅虎的工作没有激情，而她没有试图点燃自己的激情，也没有改变公司的愿景目标，使其与自己热爱的事情保持一致。她对自己工作的公司并不感兴趣，也没有倾注心血。展现激情，最终的结果便是深陷困境。

缺乏激情的人仅仅是在工作，而不是在完成一份事业。这就是为什么缺乏激情的人总会陷入困境——因为他们甚至允许失败成为一种选择。而玛丽莎·梅耶尔（Marissa Mayer）不会这么做。2012年7月，玛丽莎被任命为雅虎的新任首席执行官。玛丽莎与卡罗尔·巴茨形成了鲜明的对比，她充满了激情。她曾经说过激情是一种中性的驱动力。她对自己"极客"的状态感到很骄傲，对她来说，首席执行官的头衔只是意味着"对于一个让你充满激情的领域来说，所有的细节都很重要"。确实，每一个细节都很重要：这位谷歌的第20号员工对公司非常尽心，她经常每周工作130个小时。如果有人有领导一个摇摇欲坠的科技公司取得成功的激情，那她一定是玛丽莎·梅耶尔。

一个不热爱自己公司的领导者在公司里是没有地位的。人们不会跟随没有激情的领导者，再多的钱或奖励也无法真正地激励一个没有激情的人。如果你不热爱自己的工作，你是不会把它做好的。

互联网思维启示录

> 激情
> Likeable Business
> Why Today's Consumers Demand More and How Leaders Can Deliver

激情通常在面对面的时候能够得到最好的传达。你在网上的挑战就是要获得自己以及团队的激情，然后通过社交网络真诚地将它在网上进行分享。公司里谁最适合代表你出现在社交媒体上呢？他可能是市场部的某人，也可能不是，但绝对应该是对公司和使命有着坚定的激情的人。

我们公司在Twitter上的主要代表是米歇尔·韦斯曼（Michele Weisman）。尽管米歇尔并不是公司的创始人，

而且目前也没有公司的股份，但人们常常会提到她，因为她说她的"血是橙色的"，也就是我们公司的颜色。米歇尔对众爱公司的使命有着惊人的激情，而那份激情在她所发表的每一条消息，以及快图网和图片兴趣上的每一张图片上都得到了体现。

正如你无法在现实的世界中伪造激情，你同样也无法在互联网上伪造激情。你的关注者能根据你回复社交媒体互动的速度，以及你社交媒体形象的全面性推断出你有多关心他们。

互联网很强大的一点就是，你点一下鼠标就可以将激情传递给很多人。过去，激情通常是在线下分享的，在会议室或是高尔夫球课上。今天，一旦你通过社交网络得到了大量的关注者，你就可以同时与数百人、数千人甚至数百万人分享自己的激情，反过来，他们也可以与自己的关注者分享对于你的激情。

行动清单

1. 写下你在生活中以及生意上充满激情的五件事。如果你做着自己喜欢的事而死去，那会是什么事呢？
2. 确定三种你可以在今天向工作投入更多激情的方式，然后去实施吧！
3. 确定三种你可以在公司激发出更多激情的方式。
4. 与顾客的激情建立起联系。了解他们热爱、关心的事情，并考虑如何成为其中的一部分。

07
未来十年的企业互联网变形计

激情之道

找到能让你真正充满激情的事情，并利用那份激情为你的成功提供动力。如果你不爱自己的工作，你是不会把它做好的。正如史蒂夫·乔布斯曾经给出的建议："如果你不热爱它，你就会放弃的。"最终，激情能够成为成功所需的坚持不懈的助燃剂。在你现在的工作中找到内心的激情，或者辞掉那份工作，去其他地方找到自己的激情。然后确保团队中的其他成员也对公司和工作充满激情。请记住，充满激情和缺乏激情都具有感染力。

互联网变形计 3　学会感恩，超越客户的期望

> 我敢说谢谢是思想的最高形式，而感恩则会因为惊奇而让人感到双倍的开心。
>
> 　　　　　　　　　吉尔伯特·切斯特尔顿（Gilbert K.Chesterton）

我敢说谢谢是思想的最高形式，而感恩则会因为惊奇而让人感到双倍的开心。

诺拉·费尔斯通（NoraFirestone）一直在说她希望有一天可以回到过去，向每一位曾经改变过她人生的老师道声感谢。有一天，她真的这么做的了。她觉得是时候去寻找并联系之前的每一位老师了。经过两年的时间，使用了很多不同的搜索方法，诺拉终于找到并感谢了每一位曾经对她的人生产生过影响的老师。

六年级的体育老师西比尔（Sybil）先生对她来说尤其重要。诺拉回忆起1997年的一天，她和年级里的爬绳冠军——约翰韦斯特小学（John H. West Elementary School）"最难搞的女孩儿"进行比赛。诺拉很艰难地往上爬，她看了看西比尔老师，他用专注的眼神盯着她，默默地为她不断加油："你可以的！坚持住！你可以的！坚持住！"突然之间，周围不看好她的人的叫喊声都消失了，诺拉把注意力集中在房间里唯一一个像她自己一样了解自己的人身上，这个人十分相信她的潜力。这一时刻永远地改变了诺拉的人生，教会了她坚定和决心，而从此之后她对西比尔老师的支持充满了无比的感激。

07
未来十年的企业互联网变形计

多年之后,当她找到当年的体育老师时,他已经退休了,还在与残疾作斗争。诺拉感谢他在人生的那个关键时刻塑造了她、给了她力量,并用老师曾经对她讲过的话激励他:"你可以的!坚持住!"诺拉帮他回忆起了那个时刻,也向他表达了自己的感激之情,这使西比尔老师鼓起了生活的勇气,也表明付出有时候确实是会有回报的。

这段经历如此美妙,以至于诺拉不禁停下来思考:如果她可以帮助其他人表达感激之情会怎样呢?于是诺拉创立了感恩网(ThankingOfYou.com),这一网站能帮助人们找到并感谢改变过他们人生的人。

"我做的事情很大程度上是在发扬美德,"她告诉我说,"我觉得在我的一生中,已经从对恩惠的关注中得到了太多好处。"

她经常收到来自感恩网用户的感谢信。一位名叫希拉(Sheila)的用户,终于能够把她对高中老师斯塔福德(Stafford)夫人长达30年之久的感激之情写下来,在这之前她一直想写,但都没有成功。找到了那些表达自己真挚感激之情的文字,希拉满心欢喜。

诺拉这样描述感恩对她的生活所产生的惊人影响:关注感恩使她成为一个更加快乐的人。她的生活理念是:即便是因为很小的事情,表达感恩也能给人们带来很大的影响。

创立这一网站之后,诺拉告诉西比尔老师他们的经历给感恩网的创立带来了灵感。西比尔老师现在每年都给诺拉打好几个电话,她也在去长岛探亲的时候亲自拜访过他。诺拉不仅在日常生活中表达着感恩,还创立了一个与之有关的企业。

感恩的惊人力量

发起有力的活动让这个世界变得更美好的人们,往往首先会认可、并对自己生活中的一些事表示感激。为了让他人的生活更美好,你必须能够了解自己生活中的美好。

参加"极速前进"(Amazing Race)的时候,布莱克·麦考斯基(Blake Mycoskie)在阿根廷停了下来,他看到了极度的贫困和糟糕的健康状况,还有无数光着脚走来走去的孩子。这段经历促使他创办了自己的公司——汤姆斯鞋业,这也是一个"一对一"计划:每卖出一双鞋,布莱克就为贫困儿童捐出一双鞋。汤姆斯的目标就是通过团结合作,向人们展示我们如何利用今天的善行和同情心来创造一个更加美好的明天。

"我被南美洲人民的精神深深折服了,尤其是那些如此贫穷的人们,"布莱克说道,"我瞬间就有了一种愿望——更是一种责任——去做更多的事。"营业的第一年,汤姆斯卖出了一万双鞋子。布莱克创立公司回报那些激励了他的孩子们,一年之后,他回到了阿根廷。遵循着围绕感恩和给予的商业策略,汤姆斯至今已经售出60多万双鞋子。布莱克、汤姆斯的消费者和支持者们认识到了自己生活中的美好,并把那份美好传递给了其他的人。

任何伟大的公司、组织或者活动都来自某人内心最深处的感恩之情。我们必须用心呵护自己所重视的方面,这样才能给我们的生活、他人的生活和我们的环境带来更多的美好。

感恩的商业价值

很简单,感恩的商业价值就是这一行为本身。这个世界是平衡的:你做的好事越多,世界上的好事就越多,你遇到的好事也越多。积极的能量会吸引积极的能量。这并不是"以眼还眼"或者互惠主义,这是做正确的事,保持亲切和蔼,内心充满感激,而不先去想回报是什么。

不过,当然会有回报的,你首先得到的回报就是幸福感和积极性。研究表明,频繁表达感恩的人通常比不这么做的人有着更多的能量,更加乐观,有更多的社会关系和更多的欢乐。充满感激的人很少感到沮丧、嫉妒和贪婪,他们挣得更多,睡得更踏实,精神上、心理上、肉体上都更健全。心存感激还可以让人们克服"消极偏见"——这是一种天生纠结于问题和消极面而不是关注解决方法和积极面的倾向。关注美好的方面可以培养适应能力。

凯里·柴西克（Cary Chessick）是餐馆网（Restaurant.com）的前任首席执行官，这一网站能为顾客提供最喜欢的餐馆的特价服务，而他现在是"得分前进"（Score It Forward）的首席执行官，这一咨询机构的使命是给每一个孩子送去一只足球。对我来说更重要的是，他是我的一位朋友，曾经真正教会我感恩的价值。对于凯里来说，感恩是他与团队分享的积极心理学的核心原则。"感恩是非常罕见的，"他对我说，"每个人都知道他们应该这么做，却很少有人这么做。这是一个市场空白。"

当加里决定把感恩作为公司的核心价值观时，他发动了一场名为"给予前进"（Feed It Forward）的活动，这一活动允许参与者免费送出价值10美元的礼品券，而整个网站共有400万张礼品券，总价值4 000万美元。回顾这场活动，凯里说，最引人注目的地方不是计划本身，而是给予者团队得到的回馈以及员工的感谢信和回复。"公司里很多陌生人之间刮起了一阵感恩的旋风，以至于最后促使我们对计划进行了升级，加入了随机的善行。"

自从那场活动之后，凯里就认为应该创造出一个付出型的社会并激发出感恩之情。凯里自己特别注意为员工写感谢信，他说这很有价值，因为那些感谢信为员工的工作带来了价值，让他们对自己有更好的感觉。"如果你爱自己的工作，认为自己的工作很有意义，你就更有可能富有成效，"加里说，"如果你认为自己的工作没有多少意义，你就不太可能开心，而如果你不开心的话，那么你就更有可能没有成效。"凯里说他的员工来上班的时候步子都很轻快，他们知道那一天自己可以帮助别人。

这显得很老套，却是事实：善有善报，恶有恶报。你可以把它当成商界的因果循环。如果你真诚地去感谢那些值得你感谢的人，他们就会感激你对感恩的表达，也会更愿意在你需要的时候对你施以援手。

感恩的投资回报率

查尔斯·贝斯特（Charles Best）是捐助者选择的创始人兼首席执行官，这是一个在线的非营利组织，让捐助者可以轻松地捐钱给需要的教室。捐助者真的可以选择想要资助的教室项目，然后捐钱让那些项目得以实现。

为了证明感恩的投资回报率，查尔斯与我分享了一项他所进行的研究。在这个实验中，捐助者选择的工作人员为他们近期的首次捐助者中一半的人寄去了手写的感谢信。结果显示，被感谢和再次捐助的可能性之间有着直接的关联。事实上，那些被当面感谢的人再次捐款的可能性高出了38%，这是感恩的投资回报率的真实证明（见图7—7）。

图7—7 感恩的投资回报率

资料来源：捐助者选择，雷蒙·汤普森（Ramon Thompson）

表达感恩并当面致谢是捐助者选择商业模式的核心部分。当捐助者不得不捐钱的时候，他们会把钱捐给谁呢？当然是对他们的礼物心存感激并

07
未来十年的企业互联网变形计

寄给他们手写的感谢信的组织。正如查尔斯对我说的:"线下的部分成就了我们线上的成功。"捐助者选择不仅仅为教室捐钱,还鼓励和激发整体的感恩文化和感恩活动。捐助者选择的项目资助成功以后,老师和学生会给捐助者寄去感谢信,而捐助者最后往往又会给教室寄去感谢信,感谢他们为寄感谢信而花费的时间!一句谢谢能带来无限的感恩循环。这是"付出"准则的最好体现。

两年前,我加入了企业家组织(Entrepreneurs' Organization)。企业家组织是一个由首席执行官和公司创始人组成的全球网络,每年收入可以达到100万美元或者更多。企业家组织8 500位成员及其姐妹组织青年总裁组织成员中的很多人都经营着收入更多的公司——最高的能达到每年5 000万美元或者更多。我加入企业家组织的时候,很担心自己加入的是一群富有、自私、与员工和世界距离很远的人。

后来事实证明,那种担心纯粹是多余的。在企业家组织的两年里,我在纽约和世界各地遇到了数百位令人惊叹的、乐于奉献的人们。有关商业和人生,我从其他成员那里学到了很多无法估量的东西,还有重大事件中鼓舞人心的演讲者,比如劳伦·布什(Lauren Bush)、沃伦·拉斯坦德(Warren Rustand)、卡尔·古尔德(Carl Gould)和梅格·赫什伯格(Meg Hirshberg)。企业家组织提醒我们要对拥有的东西心存感激,还要回馈对方和世界——付出不是为了收获,而是因为这是正确的事。

尽管我非常珍惜在企业家组织的经历,但刚开始仍不太确定是否应该把它写在这本书中。不过后来我不断地想到对企业家组织的感激之情,所以如果不在本章提及我在企业家组织的经历的话,就是对任何有资格加入的读者的伤害。

我在企业家组织最好的经历之一就是指导论坛成员的演讲。每个月,我们都会以9个人为一小组聚集在一起,谈论自己的生意和生活。一个人发表演讲,讲述自己生活中极其有意义的事情,另外一个人指导他们发现演讲中最大的价值。

一年前,我指导了一个朋友安迪所做的关于感恩和善行的演讲。他想一直确保自己每天都心存感激并行为和善,而这样做的目的很简单,就是更好地生活。

我们制订了一个计划,安迪开始每天写三封感谢信,并任意做三件好事。消息传得很快,论坛里的其他成员也开始这么做了。我们这么做并不是为了期望得到的东西,而仅仅是因为心存感激的感觉很好。我不辞辛劳地为安迪忙前忙后不是因为我期待什么,而是因为帮助别人的感觉很好。

恰巧我的朋友在房地产界工作,他的公司拥有一些建筑。一年之后我接到了安迪打来的电话:"戴夫,我非常感激你。我想以你的名字命名一栋大楼。"我不知道拥有一栋以你的名字命名的大楼的投资回报率是多少,而且我也不在乎这一点。2012年6月,戴夫·柯本大楼(见图7—8)在新泽西州纽瓦克市拔地而起,现在我会永远感谢安迪和他周到的考虑。

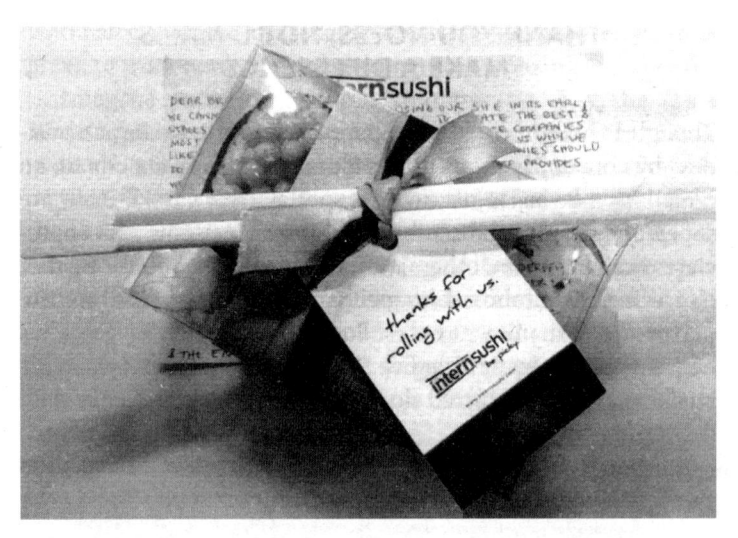

图7—8 戴夫·柯本大楼是对感恩之力的证明

资料来源:嘉莉·柯本

07
未来十年的企业互联网变形计

你觉得我还想继续尽我所能帮助朋友吗？当然了！感恩和善意能形成一个良性循环，而多数情况下，心存感激和做好事不仅能让我们感觉良好，还能让我们的生意和生活中出现令人惊奇的变化。

维纳哈尼什是青年企业家组织（现已改名为企业家组织）和羚羊公司（Gazelles, Inc.）的创始人，有人曾经给过他这样的建议：如果他遇到了资金困难，就应该出去捐一大笔钱，这样才能让资金重新流动起来。2011年9月11日之后，哈尼什发现自己陷入了财务危机中——他面临着失去房子和公司的风险。那个秋天，他的教堂正在进行最大规模的筹款活动，要求捐款人作出长达3年的承诺。于是哈尼什找到他的妻子，建议他们捐款。在捐出了他这辈子最大的一笔钱的一年之后，哈尼什净赚的钱达到了捐款额的10倍。事实上，他每次捐钱都能赚回10倍的钱。哈尼斯学到了无比有价值的一课：收获之前必须要付出。在商界，你真的是种瓜得瓜种豆得豆。

感激那些一路来帮助你的人和事

2010年感恩节，美国通用汽车公司推出了一则主题为"我们都曾倒下……感谢你们帮助我们重新站起来"的广告。广告中出现了拳击手埃维尔·克尼维尔（Evel Knievel）和哈里·杜鲁门的画面，将观众带入了一个胜利和失败的情感历程，而结尾则是通用汽车公司对于感恩的表达。通用汽车公司的信息只集中在了对于感谢的表达——没有推销口号、没有产品特征。

杰夫·古德拜（Jeff Goodby）是通用汽车公司广告代理商古德拜西尔弗斯坦&伙伴的联合主席，他承认通用汽车公司和他的团队考虑过其他方案，但后来通用汽车公司意识到"重点不是我们"。重点是顾客，是那些帮助通用汽车公司东山再起的人们。通用汽车公司知道这则广告可能无法售出更多的车，但认识到了它可能会给公司声誉带来积极的影响，并向公众表达了通用汽车公司变得多么谦卑和感激。

对拥有的东西心存感激要求你反思那些一路上帮助你的人。通过感谢他们，你能清醒地认识到什么成就了你的成功；通过了解影响你和公司的因素，你就能将成功继续下去——那些具有影响力的人会继续帮助你，同时你也能比过去做更多好事。

对消费者和客户永远心存感激

2012年4月17日，肉桂卷公司发起了一场名为"交税日影响"的活动，在这期间，每个光顾肉桂卷门店的人都有权领到两个免费的迷你肉桂卷。同一天，肉桂卷公司在YouTube上发布了一段主题为"肉桂卷公司在交税日对关注者的致敬"的视频。视频的标题是"我们有世界上最好的粉丝和Twitter关注者，今年的交税日，我们想制作一段视频来表达对你们的认可。"

视频是以一个问题开始的："为什么我们要在交税日送出两个免费迷你肉桂卷？"然后展示出关注者的Twitter截图，配有肉桂卷公司热爱粉丝的搞笑的、傻傻的原因，比如"因为你把我们和'美梦先生'（McDreamy）归为一类"以及"因为我们是你'严格'饮食的一部分"。肉桂卷公司并没有要求顾客出示优惠券或代金券才能领到免费的迷你肉桂卷，相反，他们让粉丝尽可能容易地拿到一些甜点。肉桂卷公司的这一举措非常聪明，因为人们不仅热爱拿到免费的东西，而且热爱谈论拿到的免费东西。

当你感谢人们并表达感激之情的时候，他们就会知道自己得到了重视，也会觉得被感谢是件荣幸的事。然后他们会兴奋地谈论你，肯定还会继续和你进行生意上的往来。

我的一位员工布赖恩·默里（Brian Murray），最近联系上了一家初创企业实习生寿司（Intern Sushi），并使用了该公司的服务。这家公司是通过提供用视频分享故事的平台帮助实习生找到工作，同时帮助公司找

07
未来十年的企业互联网变形计

到合适的应聘者。实习生寿司鼓励用户对待实习要像对待寿司一样挑剔。布赖恩对这个公司特别有热情，也特别感激，而公司对他也有着同样的感激之情。公司送给布赖恩一个寿司糖和一封手写的感谢信，充分表达了对他使用公司服务的感谢，这些礼物给布赖恩带来了惊喜（见图7—9）。布赖恩说："在习惯了电子邮件和电话之后，一封简单的感谢信和一颗糖就让我爱上了他们。我永远也不会忘记意识到别人抽出时间为我写个性化感谢信的那一刻。"

图7—9 产生了巨大效果的实习生寿司的小小感谢信

资料来源：特雷莎·布朗

佳腾金融公司（Guidant Financial）的团队特别致力于在不使用社交媒体"扩音器"的情况下向客户展示对他们的关心和感激之情。佳腾金融公司的团队每个月都会从客户名单中选出前三位，投票决出"月度客户"。然后整个团队都会在一张约1米大的卡片上签名，并将这张卡片送给那位客户。这样做的原因是什么呢？

"我们想把员工和客户联系在一起。"佳腾金融公司的首席执行官戴维·尼尔森(David Nilssen)告诉我,"人们很容易就会在细节中不知所措,忘记这些细小的事情。我们想要和客户保持一种不间断的关系,并让他们知道我们很感激他们。"

对于佳腾金融公司来说,费尽心思用巨大的卡片和员工的拜访为客户带来惊喜绝对是值得的。佳腾金融公司高达20%的业务来自于转介客户,那意味着公司五分之一的收入来自团队每次对客户说的"谢谢"。

形式不重要,感激最重要

尽管我认为自己一直在公司践行着感恩,不断通过电子邮件对员工和顾客进行感谢,但是在移动互联网时代,电子邮件里的"谢谢"已经不是那么特殊了。撰写和发送电子邮件都极其简单,虽然有些人收到以后可能很感激,但是其他人可能会怨恨你把他们的收件箱塞得更满了。我是跟凯利·切西克学习的如何写个性化的感谢信。从几年之前,凯利就开始每天为生意上和生活中的人写5封感谢信。为了确保这与我的目标相符,我开始得比他晚一些。

开始的时候,我每个星期三写3封个性化的感谢信,然后增加到每个工作日写3封感谢信。我还要求管理团队每周用一天的时间也这么做。事实很快就证明这个实验很有效。一些收到我们感谢信的人感动地流下了眼泪,当然还有一些人只是发表了好听的消息,但每个人都很感激手写感谢信、封口、送出或寄出所需要的额外时间。在这个日益数字化的世界,收到一封手写的信是一件很神奇的事情。

我的希望和期待是感谢信不仅能够有利于在团队内部,也能够在顾客之中建立起忠实和自豪感。但不管怎样,写信和寄信的感觉都非常好。

感谢员工能为公司带来内部的生产力和忠诚度。如果员工觉得他们的经理真的对他们工作中的贡献心存感激,他们就会更加开心,从而也会更加富有成效。如果你知道自己的工作得到了重视，就更有可能继续这么做，而且会做得很好。

感谢你的家人、朋友和导师

没有人能只靠自己就变得伟大，成功不是在真空环境中得到的。我们每个人都有父母、老师或者朋友，他们影响、教导、督促、激励我们变得伟大、努力工作、取得惊人的成就。

想象一下没有那个人，你的生活会变成什么样。试一试"这是一个美好的生活"测试：如果没有了那个重要的、有影响力的人，你的生活和成就会受到什么影响？感激那些触动过你人生的人们——从每天早上为你做咖啡的咖啡师到你的中学数学老师，并且思考你该如何回报才能培养起谦逊的态度和对这个世界互相依存的理解。你无法在没有任何支持的情况下建立一个成功的公司，所以不要忘记感谢那些一路上帮助过你的人。

建立起感恩的企业文化

安迪·科恩（Andy Cohen）是洛克地产（Rock Properties）的创始人兼首席执行官，这是一家在纽约、新泽西和康涅狄格州都有业务的房地产投资公司。洛克地产团队的动力是激励邻居以及对房子是人们基本需求之一这一事实的认识。洛克地产的团队成员相信他们的工作不仅是提供房屋，而且是在行善。洛克地产的领导和员工的工作理念是一致的：感恩会给公司内部带来影响。每一天，洛克地产的领导都非常注意做3件好事，并给他们当时感激的5件不同的事发电子邮件。他们认为，如果持续关注发生在自己身上的积极事件，就可以同样关注其他领域里积极的一面，这样能带来全面的幸福感。

如果把感恩融入企业文化，它就能对你的公司产生惊人的影响。感谢可以成为影响团队协作成功与否的效能工具。感恩让员工认识到互相的依赖和需要，因此可以带来更加完美的团队协作。感恩对于美好事物或重要事物的关注可以培养创造力和团队合作。有着消极态度的人们关注的是缺陷和不顺利的事情，但有着积极态度的人们发现的是每个人、每个场合的闪光点，他们有动力去完成自己的工作。感恩能培养智力和情感上的能力，比如足智多谋和适应能力，这样就能培养更好的团队成员。

寻找世界上的奇迹

迈克·麦道克（Mike Maddock）是麦道克道格拉斯公司（Maddock Douglas, Inc.）的创始人兼首席执行官，他讲过这样一个故事：两个推销鞋子的人来到亚洲寻找潜在的买家。一天，他们的经理打电话询问情况。"怎么样了？"他问。第一个推销员回答说："太糟糕了，这里根本就没有人穿鞋！"

第二个推销员回答说："太棒了，这里的每个人都需要鞋子！"在商业领域，总会有障碍、错误和不幸，成功的商界领导和失败者之间的区别就是将挑战视为绊脚石还是机遇。归根结底，这一切都是对挑战的感激。

迈克详细回忆了公司的一次经历，公司曾经在3个月的时间内失去了45%的业务。绝大多数损失如此惨重的公司都在一年之内倒闭了，但迈克认为这个"当头一棒"是一记警钟和一次在公司实施变革的机遇。迈克把当时的情况看作是"半满"，他意识到还有好消息存在：公司目前正在通过用创新帮助企业填补行业中的空白，找到了"下一步怎么走？"的答案。于是麦道克道格拉斯公司成为一个"创新代理商"，在过去的20年里，他们一直推动着像沃尔玛、通用汽车、卡夫食品这样的客户开发新的产品、服务和策略。

每个假期，迈克都会带孩子们进行一次寻宝行动，教会他们不断寻找奇迹，并感激生活中的乐趣。不要让公司文化中出现消极的因素。那些能够将这个世界看作半满的人们可以完成伟大的工作——雇用那些寻宝的奇迹探求者。感恩要求我们感激每一种状况和每一份经历，要求我们能在不幸之中看到美好的一面。

每份工作、每段关系、每种商业状况之中都有宝藏存在，那是无法预测的机遇，能够找到宝藏的人是懂得寻宝的人。对生活充满感恩，你就能关注最重要的事，变得更加开心，并且做好准备迎接新的机遇。对待每一种商业状况的时候都要保持寻找宝藏的心态。

忘恩负义：不要成为那个混蛋

佩奇·阿诺夫芬恩（Paige Arnof-Fenn）是策略营销和咨询公司"专家和大亨"（Mavens and Moguls）的创始人兼首席执行官，她曾经和一个很差劲的客户打过交道。这个客户对于公关团队费力地找到的引人注目的媒体无动于衷，还一直拖欠付款。"该交钱的时候我就会交钱的。"他总是这么说。大家都觉得这个人是个混蛋，但专家和大亨公司刚刚起步，而这个客户签订了长达一年的合同，所以按照协议规定，佩奇把团队聚集起来去参加与被他们称为"混蛋"的客户的第三次月度会议。他们都坐在一起，谈论已经完成的工作，重点强调公关团队带来的主要媒体。那个混蛋对他们完成的工作无动于衷，只说他在当地小镇报纸上的露面，他说那让他觉得自己像个明星一样，因为他去干洗店的时候被人认出来了。

佩奇的团队结束演讲之后，她问那个混蛋愿不愿意感谢团队的辛苦工作。他们工作了很长时间，但只拿到了应付款的一半。"感谢你们？"那个混蛋问，好像佩奇提了一个完全蛮横无理的建议。"我为什么要感谢你们？我花钱雇了你们！那样的感谢还不够吗？"那一刻，佩奇终于控制不住自己了。"你知道，"她说，"我想可能我们应该握个手就此别过了。""你这是要开除我这个客户吗？"那个混蛋问。"是的，"佩奇回答道，"我想是的。"

佩奇说开除那个混蛋对她的公司和团队来说是个决定性的时刻。他们才刚刚起步,而这件事开创了一个重要的先例。从那时起,专家和大亨团队在选择合作客户方面变得更加挑剔,用佩奇的话说,这是因为他们"不想以帮助混蛋著称"。这个故事的寓意很简单:不要成为混蛋。认可团队、客户和顾客的成就和贡献,不管大小。也许人们能够忽视拖欠的账款,但没有人可以忽视忘恩负义的混蛋。

感恩

互联网思维启示录

互联网使得商业领域的感恩可以比以往任何时候都能得到更加广泛的表达。也许你无法感谢所有对你的生活有过积极影响的人,但从现在开始,你绝对可以亲自感谢每个给予你反馈、转发你的消息或者在 Facebook 发表帖子赞美你的人。同样,你还可以考虑为粉丝和关注者做些好事。我经常不定期地询问我的 Twitter 关注者可以帮他们转发或做些什么。我这么做不是为了从他们身上得到些什么,而是因为我很感激他们中的每一个人,而且我想回报他们。

互联网还能让领导者在公司内部更加有效地表达感激之情。比如,你想和整个公司分享感谢的信息,就可以群发一封电子邮件或打印出来的信件,但那样也许会显着太过正式,也不够个性化。或者你也可以录一段简短的视频发布在公司内部的 Facebook 群组上。视频能更好地传达你的情感,员工也可以即刻分享自己的反馈,这样便可以增强团队的合作意识。

最后,互联网能够创造公共空间,在这个空间里感恩可以得到传递和前进。你可以看一看"Twitter 感恩节"(Tweetsgiving)、"转发出去"(Tweet It Forward)和"谢

07
未来十年的企业互联网变形计

谢你"（thankfulfor）这样的活动，然后考虑下通过社交网络开始自己的感恩活动。你永远也不知道 Twitter 上那些随意的善行会给你带来怎样的回报。

行动清单

1. 立刻写下让你在生活中心存感激的 10 个人或事。
2. 下次你要给客户或同事发感谢邮件的时候，写封感谢信，并把它寄出去。给 10 个让你在生活中心存感激的人寄出感谢信：顾客、同事、员工、配偶、子女、兄弟姐妹、父母、朋友、邻居等。努力让自己做到每天或每周写一定数量的感谢信。开始的时候一天一封，保持可控。

感恩之道

感恩在公司中并没有达到应有的分量，就像感谢某人帮助你或者送你一份特殊的礼物一样，你要确保感谢那些对你生意上的成功作出贡献的人。善行会以 10 倍的数量回馈给你。心存感激的人总是在寻找美好的事物，而深得人心的公司便是心存感激的公司。感恩和无私的神奇之处在于：不管是否有即刻的投资回报率或公司的增值，你即刻就能感觉到幸福。

企业要想在互联网时代实现转型并不是什么高深的学问。很多企业也在不断摸索中、甚至是凭借自己的直觉找到一条适合自己的转型之路。然而在互联网转型这个过程中，很多最初创立时怀揣着最好直觉的公司都被互联网时代所淘汰了。不是所有企业天生就具有互联网思维，能做到深得人心的。互联网时代企业所面临的挑战就是如何对传统的商业价值进行重新审视，帮助自己的公司实现成功转型，成为一家深得人心的公司。而这一切将始于你。

互联网的世界好比一场鸡尾酒会

鸡尾酒会的比喻不仅适用于互联网社交媒体，也适用于所有企业以及我们的日常生活。是的，事实证明，互联网社交媒体、企业以及日常生活，大体上都没比鸡尾酒会复杂多少。在鸡尾酒会上倾听、讲精彩的故事、积极回应、真诚、充满激情和感激的人，会无数次地成为聚会的热门，也会从聚会中获得最大的价值。那些直接、透明、知道如何保持简单、总有惊喜的人值得人们与之交往。能够随大流（适应）、并且知道如何在团体中行动的人是你想要发展到自己圈子里的人。这样的人也能在那个被称为商界的巨大鸡尾酒会中取得成功。当你面对快速决定时，无论决定是大是小，不妨问问自己："这在鸡尾酒会上会是一个制胜的决定吗？"如果答案是响亮的"是"，那你可能真的想到点子上了。如果你不确定，也许就需要重新思考下自己的决定了。是的，真的就这么简单。

Likeable Business
Why Today's Consumers Demand More
and How Leaders Can Deliver

│ 结语 │
写给未来十年的企业经营者

当然，在今天这个以社交媒体为驱动的互联网时代，可能商业更像是电视真人秀上的鸡尾酒会，而不是私人的聚会，因为全世界都在看着你。即使那些现在没看的人也比以往有更多的渠道来观看，他们可能敲击一两下鼠标就能看到你了——观看并分享你的成功或失败，就是那样。

可能这本书中提到的所有互联网思维法则并不都能轻易地适用于你和你的企业，但我希望书中的一些故事能够激发你有关如何以稍微不同的方式运作公司的想法。我真心地希望至少有些章节能对你企业的互联网转型有所启示，现在你可以回过头去复习一下那些章节最后的行动清单，并开始把它们付诸实践。

从这里出发，开始你的互联网华丽变形

是的，这是本书的结尾，也是你通向互联网转型成功之旅的开始。我十分感谢你们购买此书，更感谢你们把最珍贵的资源——时间，花费在阅读此书上。感谢你们和我、和这本书一起度过的时间。真心希望可以通过我的积极回应来表达我的感激之情。

我已经迫不及待地想听到那些关于你的企业如何向互联网转型、如何变得更加深入人心以及那是如何影响你企业的盈亏的故事了。相信我，消费者和你的员工值得你那么做，你自己更值得，一位具有互联网思维的企业经营者是不会被时代所淘汰的。

让我们从这里开始你的互联网变形之旅吧！

Dave Kerpen, Theresa Braun and Valerie Pritchard
Likeable Business: Why Today's Consumers Demand More and How Leaders Can Deliver
ISBN: 978-0-07-180047-1

Copyright © 2012 by McGraw-Hill Education.

All Rights reserved. No part of this publication may be reproduced or transmitted in any form or by any means, electronic or mechanical, including without limitation photocopying, recording, taping, or any database, information or retrieval system, without the prior written permission of the publisher.

This authorized Chinese translation edition is jointly published by McGraw-Hill Education (Asia) and China Renmin University Press.This edition is authorized for sale in the People's Republic of China only, excluding Hong Kong, Macao SAR and Taiwan.

Copyright © 2014 by McGraw-Hill Education (Asia), a division of McGraw-Hill Education (Singapore) Pte. Ltd. and China Renmin University Press.

版权所有。未经出版人事先书面许可，对本出版物的任何部分不得以任何方式或途径复制或传播，包括但不限于复印、录制、录音，或通过任何数据库、信息或可检索的系统。

本授权中文简体字翻译版由麦格劳-希尔（亚洲）教育出版公司和中国人民大学出版社合作出版。此版本经授权仅限在中华人民共和国境内（不包括香港特别行政区、澳门特别行政区和台湾）销售。

版权©2014由麦格劳-希尔（亚洲）教育出版公司与中国人民大学出版社所有。

本书封面贴有McGraw-Hill Education公司防伪标签，无标签者不得销售。

版权所有，侵权必究

图书在版编目（CIP）数据

互联网新思维：未来十年的企业变形计/（美）柯本,（美）布朗,（美）普里查德著；钱峰译. —北京：中国人民大学出版社，2014.4
ISBN 978-7-300-18866-9

Ⅰ.①互… Ⅱ.①柯… ②布… ③普… ④钱… Ⅲ.①企业管理 Ⅳ.① F270

中国版本图书馆CIP数据核字（2014）第065316号

互联网新思维：未来十年的企业变形计

戴夫·柯本
[美] 特蕾莎·布朗　　著
瓦莱丽·普里查德
钱　峰　译
Hulianwang Xinsiwei: Weilai Shinian de Qiye Bianxingji

出版发行	中国人民大学出版社	
社　址	北京中关村大街31号	邮政编码　100080
电　话	010-62511242（总编室）	010-62511770（质管部）
	010-82501766（邮购部）	010-62514148（门市部）
	010-62515195（发行公司）	010-62515275（盗版举报）
网　址	http://www.crup.com.cn	
	http://www.ttrnet.com （人大教研网）	
经　销	新华书店	
印　刷	北京中印联印务有限公司	
规　格	170 mm×230 mm　16开本	版　次　2014年8月第1版
印　张	14　插页1	印　次　2018年3月第10次印刷
字　数	193 000	定　价　45.00元

版权所有　　侵权必究　　印装差错　　负责调换